AUS DEM EIS

AUS DEM EIS

Kochen mit Lieblingsprodukten aus der Tiefkühltruhe

Text und Rezepte: Martina Kittler
Fotos: Coco Lang

SERVICE

GEMÜSE & KARTOFFELN

FISCH & MEERESFRÜCHTE

FLEISCH, GEFLÜGEL & WILD

BACKEN HERZHAFT & SÜSS

SÜSSES MIT OBST, BEEREN & EIS

LUST AUF KREATIVES KOCHEN?

Mit Lieblingsprodukten aus der Tiefkühltruhe klappt's ohne Stress. Wir zeigen Ihnen, wie wandelbar naturbelassene Lebensmittel aus dem Eisfach sind. Gemüsebestseller wie Brokkoli, Erbsen und Spinat werden originell kombiniert. Fischfilets mit Erdnusskruste oder Doraden vom Blech sind genussvoll in Szene gesetzt. Verwöhnen Sie sich und Ihre Familie mit leichten Suppen, Salaten und Pfannengerichten, mit Desserts, süßem und herzhaftem Gebäck. Alles lässt sich mühelos auf den Tisch zaubern. Auch einem Festessen können Sie gelassen entgegensehen, wenn Sie die Knusperente, das Hirschgulasch oder den Schokoladen-Kirschkuchen probieren.

Über 50 tolle Rezepte erwarten Sie hier – allesamt abwechslungsreich und gesund. Sie werden erstaunt sein, wie einfach und bequem man mit Lebensmitteln aus der Tiefkühltruhe kochen kann. Für alle Ideen brauchen Sie nur wenige Zutaten aus dem Supermarkt. Damit Sie sicher durch die klirrende Kälte kommen, geben wir Ihnen viele Infos und wertvolle Tipps.

Viel Spaß auf der Suche nach Ihrem Lieblingsrezept! Lassen Sie es sich auf der Zunge zergehen …

Richtig einkaufen und lagern

Ab ins Eis! Tiefkühlware sollte auf dem schnellsten Weg vom Supermarkt in die häusliche Gefriertruhe wandern, damit die Kühlkette nicht unterbrochen wird. So bleibt die Qualität der Produkte bestens erhalten.

Die sogenannte Tiefkühlkette sorgt dafür, dass die notwendige Temperatur von etwa minus 18° C bei allen Lager- und Transportvorgängen zwischen der Produktion und dem Käufer eingehalten wird. Auch im Fahrzeug des Heimlieferservices und beim Händler im Laden muss Gefrorenes bei dieser Temperatur gelagert werden.

COOLE EINKAUFSTIPPS

JE SPÄTER, DESTO BESSER: Legen Sie Tiefkühlware immer erst am Ende Ihrer Einkaufstour in den Wagen oder Korb, sonst tauen die Produkte an.

OPTIMALER KÄLTESCHUTZ: Transportieren Sie TK-Lebensmittel am besten in Isolierbeutel oder –taschen oder Kühlboxen mit Kühlelementen nach Hause. Haben Sie die gerade nicht zur Hand? Dann wickeln Sie die Produkte in Zeitungspapier ein! Das isoliert kurzfristig. Dicht aneinander gelegte Packungen bieten zusätzlichen Kälteschutz.

EISKALTE KONTROLLE: Stimmt im Supermarkt die Temperatur in Tiefkühltruhe oder -schrank? Ein Blick auf das Thermometer oder die digitale Anzeige am Gerät genügt: Die Temperatur sollte minus 18° C oder noch tiefer sein.

MEIDEN SIE HOCHSTAPLER! Tiefkühlkost darf immer nur bis zu einer bestimmten Höhe in der Truhe liegen. Oberhalb der Stapelgrenze – erkennbar an einem roten oder grauen Balken an der Innenwand – ist die Ware nicht mehr ausreichend gekühlt. Die Lebensmittel können antauen und sogar verderben. Im Zweifelsfall weiter unten liegende Packungen aus der Truhe angeln.

ALLES SAUBER? Top gepflegte Truhen oder Schränke haben keine dicke Eisschicht an den Innenwänden – eine dünne Reifschicht schadet aber nicht. Die Ware sollte gut sortiert und ordentlich gestapelt sein.

GUT VERPACKT? Achten Sie im Laden auf unversehrte Packungen. Sind die Ecken von Schachteln eingedrückt oder haben Folien bereits Risse, sollten Sie die Ware links liegen lassen. Das gilt auch für feuchte Kartonagen. Sie sind ein Hinweis darauf, dass der Inhalt bereits angetaut ist.

GEFRIERBRAND, NEIN DANKE! Dafür sind besonders Geflügel und Fleisch sehr anfällig. Die weißlichen bis grauen Stellen an den Rändern sind zwar gesundheitlich unbedenklich, aber die Lebensmittel trocknen aus und schmecken nach der Zubereitung oft zäh und fad.

„SCHNEE“ IN DER PACKUNG? Dann sollten Sie vom Kauf Abstand nehmen. Die weißen Eiskristalle deuten auf frühere Temperaturschwankungen hin. Die Qualität der Produkte leidet.

TK-PRODUKTE PERFEKT GELAGERT

RUCK, ZUCK INS EIS! Packen Sie gekaufte Tiefkühlkost zu Hause als Erstes ins Gefriergerät oder Sternefach des Kühlschranks. Sehr wichtig: Achten Sie vor dem Einkauf auf genügend Stauraum im Eisfach.

EISZEIT: Wie lange man ein tiefgefrorenes Lebensmittel im Eisvorrat aufbewahren kann, hängt von seiner Beschaffenheit und Empfindlichkeit ab. Fleisch zum Beispiel hält sich um so länger, je geringer sein Fettgehalt ist. Auf Seite 12 und 13 finden Sie eine Tabelle zur empfohlenen Lagerdauer von Tiefkühlware.

Wichtig: die Angaben auf der Verpackung beachten!

STERNZEICHEN: Auf der Verpackung steht (meist in Form einer kleinen Tabelle), wie lange Sie das Lebensmittel in den unterschiedlichen Sternefächer des Tiefkühlgeräts oder Kühlschranks aufbewahren dürfen. Diese Zeitspanne variiert von Produkt zu Produkt. Am längsten darf TK-Ware im Gefriergerät oder im Drei-Sternefach des Kühlschrank bei minus 18° C lagern. Im Zwei-Sternefach bei minus 12° C und im Ein-Sternefach bei minus 6° C verringert sich die mögliche Lagerdauer auf bis zu 3 Wochen bzw. bis zu 1 Woche.

Achten Sie auf das Haltbarkeitsdatum! Es sollte noch einige Monate gültig sein.

Auftauen und verwenden – so geht's!

Auftauen, antauen oder unaufgetaut zubereiten? Welche Variante sich für ein tiefgefrorenes Lebensmittel am besten eignet, hängt von der Packungsgröße, der Art des Produkts und vom Rezept ab.

Beim Auftauen steigt die Temperatur im Lebensmittel solange an, bis auch im Kern keine Eiskristalle mehr vorhanden sind. Dabei wird bei vielen Produkten Flüssigkeit (Wasser) frei, in der sich neben harmlosen Mikroorganismen auch gesundheitsschädliche Keime, z. B. Salmonellen tummeln können. Beim Auftauvorgang ist also besondere Sorgfalt geboten.

CLEVER AUFTAUEN

AUSPACKEN! Egal, ob ein Tiefkühlprodukt separat aufgetaut werden muss oder nicht: Die Kaufverpackung muss vor der Zubereitung aus hygienischen Gründen auf jeden Fall entfernt werden.

GANZ WICHTIG! Fisch, Fleisch, Geflügel und Wild sollten nicht mit der Auftauflüssigkeit in Berührung kommen. Ideal ist ein Gefäß mit Siebeinsatz oder Abtropfnetz, bei dem das Wasser ablaufen kann. Die Auftauflüssigkeit unbedingt weggießen. Salmonellengefahr! Wichtig: Behälter und Spülbecken anschließend gründlich mit heißem Wasser reinigen.

BALD GENIESSEN! Tiefgefrorene Lebensmittel schmecken am besten, wenn sie innerhalb von 24 Stunden nach dem Auftauen zubereitet und gegessen werden.

DIE PERFEKTE TAUZEIT

Nur so lange wie notwendig soll Gefrorenes auftauen. Denn durch Wärme können Bakterien wieder aktiv werden, die sich während der Eiszeit nicht vermehren konnten. Zeitangaben zur Dauer des Auftauens stehen auf den Verpackungen und vor unseren Rezepten:

0 MIN.: Für den spontanen Hunger – Auftauen ist nicht erforderlich. Gemüse, Kräuter, Rösti wandern direkt aus dem Gefrierschrank in Topf oder Pfanne. „0 Min." heißt auch: Sie können sofort mit den Vorbereitungen beginnen und währenddessen tauen z. B. Beeren oder Garnelen an.

10, 20 ODER 30 MIN.: Bei Raumtemperatur an- oder aufgetaut wird alles, was vor der Zubereitung noch zu zerkleinern, pürieren, portionieren, panieren oder passieren ist. Also vor allem Gemüse, Obst und Teige.

1, 2, 3, 4 STD. ODER ÜBER NACHT: Haben Sie mehr oder weniger Zeit? Dementsprechend lassen Sie kleinere Stücke wie Schnitzel oder Fischfilet entweder kurzfristig bei Raumtemperatur auftauen oder langsam und kühl, am besten über Nacht im Kühlschrank.

ÜBER NACHT: Ganzes Geflügel, Braten und große Fische werden möglichst immer sanft mindestens 12 Std. (z. B. über Nacht) im Kühlschrank aufgetaut – je langsamer, desto zarter und saftiger bleibt das Fleisch. Wer es sehr eilig hat, kann alternativ das Auftauprogramm der Mikrowelle wählen.

TIEFGEKÜHLTE TIPPS UND TRICKS

MENGENLEHRE: Bleiben Sie flexibel! Die Packungsgrößen für Tiefkühlkost sind nicht genormt. Es kann also sein, dass die Füllmenge einer Packung nicht mit der im Rezept angegebenen Menge übereinstimmt. Das macht nichts. Statt 480 g Mischgemüse für ein Pfannengericht können Sie abweichend auch 500 g oder 450 g nehmen – unsere Rezepte gelingen garantiert!

AUSTAUSCHTIPPS: In manchen Rezepten verwenden wir frische Kräuter. Natürlich können Sie sie durch tiefgekühlte ersetzen – und sparen dabei noch Zeit: 1/2 Bund Kräuter, z. B. Dill, Basilikum, entspricht etwa 2 EL gefrorenen Kräutern. Diese einfach unaufgetaut zum Gericht geben. Umgekehrt geht's genauso: statt 1 TK-Päckchen Zwiebel-Duo wie im Rezept angegeben 1 frische Zwiebel schälen und würfeln.

Statt TK-Kräutern können Sie auch frisches Grün verwenden – und umgekehrt.

UMPACKEN: Die meisten Produkte lassen sich im gefrorenen Zustand aus der Packung schütteln oder teilen. Haben Sie die benötigte Menge entnommen, füllen Sie den Rest am besten in einen gut schließenden Gefrierbehälter um und packen ihn in die Tiefkühltruhe.

BIO-PRODUKT GEFÄLLIG? Bio-Siegel und Zeichen der ökologischen Anbauverbände auf der Packung weisen auf gefrorene Produkte in Bio-Qualität hin. Es gibt sie in immer größerer Auswahl – hergestellt nach strengen Öko-Richtlinien und mit weniger Zusatzstoffen als konventionell hergestellte Lebensmittel.

Auf einen Blick – auftauen und lagern

Wichtig: Beachten Sie die Auftauempfehlungen auf der Produktpackung!

LEBENSMITTEL	VORARBEITEN	AUFTAUZEIT IN STUNDEN	LAGERZEIT BEI –18 °C IN MONATEN
FLEISCH, GEFLÜGEL, WILD			
Hackfleisch (400 g)	Nach dem Auftauen sofort verwenden. Immer gut durchbraten oder -kochen	4–12 im Kühlschrank (z. B. über Nacht). Wegen Gefahr von Keimbildung nicht bei 20° C auftauen	mager: 1–3 fett: 1
Steak, Kotelett, z. B. von Rind, Schwein, Lamm (200–300 g)	Nach Auftauen waschen und trocken tupfen	2–3 bei 20° C oder 6–12 im Kühlschrank (z. B. über Nacht)	2–4
Ganze Stücke, z. B. Schweinefilet (600 g)	Nach Auftauen Fett, Sehnen abschneiden	3–4 bei 20° C oder 6–8 im Kühlschrank (z. B. über Nacht)	6–8
Ganze Stücke, z. B. Rinderbraten (800 g)	Angetaut (3–4 Std.) in Stücke schneiden, z. B. für Gulasch	6–8 bei 20° C oder 12 im Kühlschrank (z. B. über Nacht)	10–12
Ente, Pute (1,5–3 kg)	Ohne Verpackung auftauen. Auftauflüssigkeit nicht verwenden! Salmonellengefahr!	18–22 im Kühlschrank. Wegen Gefahr von Keimbildung nicht bei 20 °C auftauen	2–4
Hähnchen (800 g)	Siehe Ente	8–12 im Kühlschrank (z. B. über Nacht). Wegen Gefahr von Keimbildung nicht bei 20° C auftauen	2–4
Schnitzel, Brustfilet z. B. von Pute, Hähnchen (125–150 g)	„Küchenfertig" gewürzte (Pck.aufschrift) dürfen direkt in die Pfanne. Alle anderen auftauen, waschen und trocken tupfen	1–2 bei 20° C (antauen) oder 8–12 im Kühlschrank (z. B. über Nacht) im Kühlschrank	3–6
Ganze Stücke, z. B. von Hirsch, Wildschwein (750 g)	Bereits bratfertig vorbereitet, auch mit Speck gespickt	8–12 im Kühlschrank (z. B. über Nacht). Raumtemperatur vermeiden	3–6
Steak, Medaillons, z. B. von Hirsch (100 g)	Nach Auftauen waschen und trocken tupfen	6–12 im Kühlschrank, am besten über Nacht	2–4

LEBENSMITTEL	VORARBEITEN	AUFTAUZEIT IN STUNDEN	LAGERZEIT BEI –18 °C IN MONATEN
FISCH UND MEERESFRÜCHTE			
Ganze Fische, z. B. Forelle, Dorade (300 g)	Je nach Rezept aufgetaut oder gefroren braten	3–4 bei 20 °C oder im Kühlschrank 6–12 (z. B. über Nacht)	2–4
Fischfilet, z. B. Lachs, Seelachs, Rotbarsch (160–200 g)	Lässt sich auch angetaut braten oder pürieren	2–3 bei 20 °C oder 4–12 im Kühlschrank (z. B. über Nacht)	mager: 5 fett: 2
Garnelen, Shrimps, Prawns (250 g)	„Glasierte" Ware mit schützender Eisschicht bevorzugen. Hält sich länger, Fleisch bleibt saftiger	10 Min. (antauen) oder 1 (auftauen) bei 20 °C oder 6–12 im Kühlschrank (z. B. über Nacht)	2–3
GEMÜSE			
naturell, z. B. Brokkoli, Bohnen, Erbsen, Spinat	Nach Bedarf aus der Packung portionieren	Unaufgetaut dünsten, kochen oder braten	8–12
KRÄUTER			
z. B. Dill, Basilikum, Petersilie (50 g)	Aus dem Päckchen an die Speisen geben	Unaufgetaut oder angetaut verwenden	8–10
OBST			
Beeren, z. B. Erdbeeren, Heidelbeeren, gemischt (300 g)	Unaufgetaut oder angetaut für Grütze, Eis, Drinks, Cremes	20 Min. (antauen) oder 1–2 (auftauen) bei 20° C oder 4–6 im Kühlschrank	12–24
Steinobst, z. B. Sauerkirschen, Pflaumen, Aprikosen	Unaufgetaut als Kuchenbelag, angetaut zum Kochen für Kompott, Aufläufe und Desserts	1 (antauen) oder 4–5 (auftauen) bei 20° C oder 8–12 im Kühlschrank (z. B. über Nacht)	12–18
TEIGE			
Rohe Teige, z. B. Blätter-, Hefe-, Strudelteig (300–450 g)	Nach Packungsangabe auftauen und verarbeiten	Immer bei 20° C auftauen: 15 Min. (Blätterteig), 30 Min. (Hefe-, Strudelteig)	3–6
KARTOFFELPRODUKTE			
Fertigprodukte, z. B. Pommes frites, Rösti, Reibekuchen	Angebrochene Packung umfüllen	Unaufgetaut ins heiße Fett geben oder auf Blech im Ofen backen	3–6
SPEISEEIS			
Eiscreme, z. B. Vanille, Schokolade, Kokos		Zum Portionieren 5–10 Min. antauen	5–6

GEMÜSE & KARTOFFELN

Spinat verlesen, Möhren schälen, Erbsen palen: Alles schon erledigt! Fix und fertig vorbereitet kommt Gemüse aus dem Kälteschlaf direkt in Topf oder Pfanne. Moderne Tiefkühltechnik macht's möglich: Ob sortiert oder klassisch bis asiatisch gemischt, Gemüse wird sofort nach der Ernte schockgefrostet. Kurzzeitiges Erhitzen zuvor schützt Farbe, Geschmack und Aroma der frischen Produkte. Die wertvollen Inhaltstoffe – so auch das empfindliche Vitamin C – bleiben weitgehend erhalten. Und das Beste: Das Gefriergemüse ist sofort verwendbar und kulinarisch äußerst wandelbar, wie unsere Rezepte zeigen.

0 Min.

ASIATISCHER GLASNUDELSALAT

1. Glasnudeln in kochendem Salzwasser nach Packungsangabe garen, abgießen und mit einer Schere klein schneiden. In einer Pfanne 1 EL Öl stark erhitzen. Fleisch trocken tupfen, im heißen Öl 1 Min. pro Seite anbraten, dann noch 4 Min. bei mittlerer Hitze auf beiden Seiten braten. Das Steak herausnehmen, salzen, pfeffern.

2. Eine beschichtete Pfanne heiß werden lassen. Gefrorenes Gemüse mit 1 EL Öl hineingeben, 3 Min. anbraten, bei mittlerer Hitze 2–3 Min. unter Wenden weiterbraten. Frühlingszwiebeln waschen, putzen und in feine Ringe schneiden. Das Steak in dünne Streifen schneiden.

3. Sojasauce, Limettensaft, braunen Zucker, Sambal oelek, Sesamöl und übriges Öl verrühren. Gemüse, Zwiebeln und Nudeln untermischen. Salat anrichten, Fleischstreifen daraufgeben.

Für 4 Personen

100 g breite Glasnudeln
Salz
5 EL Öl
1 dickes Rumpsteak (ca. 250 g)
Pfeffer
450 g TK-Pfannengemüse chinesisch
3 Frühlingszwiebeln
4 EL Sojasauce
4 EL Limettensaft
2 TL brauner Zucker
1 TL Sambal oelek
3 TL Sesamöl

Zubereitung: ca. 30 Min.
Pro Portion: ca. 395 kcal
19 g EW, 20 g F, 35 g KH

Für 4 Personen

500 g TK-Dicke Bohnenkerne (ersatzweise grüne TK-Brechbohnen)
Salz
1 große rote Zwiebel
1–2 Knoblauchzehen
250 g bunte Kirschtomaten
2 Stangen Staudensellerie
150 g TK-Maiskörner (ersatzweise Mais aus der Dose)
4 EL Weißweinessig
Pfeffer
1 TL flüssiger Honig
7 EL Olivenöl
3–4 Stängel Basilikum

Zubereitung: ca. 30 Min.
Pro Portion: ca. 320 kcal
11 g EW, 19 g F, 26 g KH

0 Min.

DICKE-BOHNEN-SALAT

1. Die Bohnenkerne in kochendem Salzwasser in 2 Min. garen. Abgießen, abschrecken und die Kerne aus der Haut drücken. Grüne Brechbohnen 4 Min. in Salzwasser garen.

2. Inzwischen die Zwiebel und den Knoblauch schälen. Zwiebel in Streifen schneiden, Knoblauch fein hacken. Die Kirschtomaten waschen und halbieren. Staudensellerie putzen, waschen und fein würfeln. Die Maiskörner in ein Sieb geben, kurz lauwarm waschen und gut abtropfen lassen.

3. Essig mit Salz, Pfeffer und Honig verrühren. Olivenöl unterschlagen. Das Dressing mit allen vorbereiteten Zutaten mischen. Basilikumblätter von den Stängeln zupfen, abreiben, nach Belieben in Streifen schneiden und unter den Salat heben. Salat 10 Min. ruhen lassen.

TIPP: Der Salat ist partytauglich – und z. B. bei einem Gartenfest die perfekte Beilage zu gegrilltem Fleisch oder Fisch. Natürlich können Sie auch nur rote Kirschtomaten verwenden.

10 Min.

MÖHRENCREME-SUPPE MIT GARNELEN-SPIESS

1. Garnelen 10 Min. antauen lassen, dann waschen und trocken tupfen. Knoblauch schälen, in dünne Scheiben schneiden und mit 2 EL Olivenöl, Salz und Pfeffer verrühren. Garnelen darin marinieren.

2. Zwiebel schälen, hacken und im übrigen Öl in einem Topf glasig dünsten. Gefrorene Möhrenscheiben dazugeben. Brühe und Kokosmilch angießen und aufkochen. Alles zugedeckt bei mittlerer Hitze 10 Min. garen.

3. Gefrorene Mangostücke dazugeben. Alles zugedeckt bei schwacher Hitze weitere 5 Min. garen. Die Suppe fein pürieren, mit Salz, Sambal oelek, Kreuzkümmel und Limettensaft würzen.

4. Koriander waschen und trocken schütteln, Blättchen abzupfen und hacken. Garnelen auf die Spieße stecken. Marinade in einer Pfanne erhitzen. Garnelenspieße darin von beiden Seiten 3 Min. braten und zu der Suppe mit Koriander bestreut servieren.

Für 4 Personen

300 g TK-Riesengarnelen
(roh; geschält)
2 Knoblauchzehen
3 EL Olivenöl
Salz, Pfeffer
1 Zwiebel
500 g TK-Karottenscheiben
(Möhrenscheiben)
800 ml Gemüsebrühe
1 kleine Dose ungesüßte Kokosmilch (160 ml)
150 g TK-Mangoscheiben
(ersatzweise Mango aus der Dose)
1–2 TL Sambal oelek
1 TL gemahlener Kreuzkümmel
2 EL Limettensaft
3–4 Stängel Koriandergrün
(ersatzweise Petersilie)
4 Holzspieße

Zubereitung: ca. 1 Std.
Pro Portion: ca. 260 kcal
11 g EW, 16 g F, 16 g KH

Für 4 Personen

1 Zwiebel
4 EL Öl
1 Pck. TK-Suppengrün (50 g)
800 ml Gemüsefond (Glas)
1 Pck. TK-Grünkohl
(600 g; grob gehackt)
500 g Schweinsbratwürstchen
(5–8 Stück)
4 EL Apfelmus (Fertigprodukt)
100 g Crème fraîche
Salz, Pfeffer
frisch geriebene Muskatnuss

Zubereitung: ca. 45 Min.
Pro Portion: ca. 790 kcal
29 g EW, 69 g F, 12 g KH

0 Min.

GRÜNKOHLSUPPE MIT BRÄTKLÖSSCHEN

1. Die Zwiebel schälen und fein würfeln. In einem Topf 2 EL Öl erhitzen. Die Zwiebelwürfel und das gefrorene Suppengrün darin bei mittlerer Hitze 3 Min. dünsten, bis die Zwiebeln glasig sind.

2. Den Fond und 200 ml Wasser dazugießen, langsam zum Kochen bringen. Den gefrorenen Grünkohl dazugeben, aufkochen und zugedeckt bei mittlerer Hitze 10 Min. garen, zwischendurch ab und zu umrühren.

3. Inzwischen das Brät jeweils aus der Wurstpelle drücken und mit nassen Händen zu 20 Klößchen formen. In einer großen beschichteten Pfanne das übrige Öl erhitzen, die Klößchen darin rundherum bei mittlerer Hitze 5–6 Min. braten.

4. Die Suppe mit dem Pürierstab fein pürieren. Das Apfelmus und die Crème fraîche unterrühren. Suppe nochmals aufkochen, mit Salz, Pfeffer und Muskat würzen. In tiefen Tellern mit den Klößchen anrichten.

TIPP: Vor dem Servieren noch 2 EL Röstzwiebeln (Fertigprodukt) aufstreuen.

0 Min.

ERBSEN-MÖHREN-GEMÜSE

Für 2 Personen
Zubereitung: ca. 25 Min.
Pro Portion ca. 280 kcal
15 g EW, 10 g F, 32 g KH

2 **Schalotten** und 1 **Knoblauchzehe** schälen, fein würfeln. In einem großen Topf 1 EL **Butter** und 1 EL **Olivenöl** erhitzen, Schalotten darin 2 Min. andünsten. 450 g **TK-Erbsen-und-Karotten** mit dem Knoblauch dazugeben, 4–5 Min. mitbraten. 1 EL **Honig** und 2 EL **Zitronensaft** einrühren, alles bei mittlerer Hitze 2 Min. zugedeckt dünsten, salzen und pfeffern. Die Blätter von 3 Stängeln **Basilikum** abzupfen, abreiben, in Streifen schneiden und mit 50 g rohen **Schinkenwürfeln** (Kühlregal) unterheben. Passt zu kurzgebratenem Fleisch.

20 Min.

BLUMENKOHL-CURRY

Für 2 Personen
Zubereitung: ca. 35 Min.
Pro Portion ca. 270 kcal
7 g EW, 22 g F, 12 g KH

400 g **TK-Blumenkohl** 20 Min. antauen lassen, dann in kleine Röschen schneiden. 2 EL **Öl** in einer Pfanne erhitzen. 1 Pck. **TK-Zwiebel-Duo** (feingehackt; 50 g) und den angetauten Blumenkohl hineingeben, mit 2 TL scharfem **Currypulver** und 1 TL **Kurkuma** bestäuben und kurz anschwitzen. Mit 50 ml **Gemüsebrühe** und 100 ml ungesüßter **Kokosmilch** (Dose) auffüllen und zugedeckt bei schwacher Hitze 5 Min. kochen lassen. 150 g **Kirschtomaten** waschen und halbieren, zum Blumenkohl geben und 1 Min. mitgaren. Mit **Salz** und **Pfeffer** abschmecken. 1 EL gesalzene, geröstete **Erdnüsse** hacken und mit abgezupftem **Koriandergrün** darüberstreuen. Zu dem vegetarischen Gericht passt Basmatireis.

0 Min.

RICOTTA-SPINAT

Für 2–3 Personen
Zubereitung: ca. 30 Min.
Bei 3 pro Portion ca. 250 kcal
10 g EW, 22 g F, 3 g KH

2 EL **Pinienkerne** in einer Pfanne ohne Fett goldbraun rösten, vom Herd nehmen. 2 **Knoblauchzehen** schälen und fein hacken. 1 rote **Chilischote** putzen, entkernen, waschen und klein würfeln. 1 EL **Butter** und 2 EL **Olivenöl** in einem Topf erhitzen. Knoblauch und Chilischote darin 1 Min. andünsten. 500 g **TK-Blattspinat** dazugeben, 150 ml **Gemüsebrühe** angießen. Den Spinat zugedeckt bei schwacher Hitze in 15 Min. auftauen lassen, dabei gelegentlich umrühren. Mit **Salz, Pfeffer,** 1/2 TL abgeriebener **Bio-Zitronenschale** und 2 EL **Zitronensaft** würzen. 150 g **Ricotta** in Flöckchen und die Pinienkerne darüberstreuen. Passt als Beilage zu gebratener Forelle oder gedünstetem Fischfilet.

0 Min.

CHILI-BROKKOLI-KARTOFFELN

1. Die Kartoffeln gründlich waschen, abbürsten und quer halbieren. Mit Salzwasser bedeckt aufkochen und zugedeckt bei mittlerer Hitze 10 Min. garen, dann in ein Sieb abgießen und gut abtropfen lassen.

2. Inzwischen die Brokkoliröschen antauen lassen. Chili putzen, längs halbieren, entkernen, waschen und quer in dünne Streifen schneiden. Knoblauch schälen und in dünne Scheiben schneiden.

3. In einer großen beschichteten Pfanne Öl und Butter erhitzen. Kartoffeln und Brokkoli hineingeben. Chili, Knoblauch und Thymian hinzufügen und alles bei mittlerer Hitze unter gelegentlichem Wenden 5–6 Min. braten. Kartoffeln und Brokkoli mit Salz und Pfeffer würzen. Perfekte Beilage zu Steaks.

Für 2 Personen

500 g kleine neue Kartoffeln
Salz
300 g TK-Brokkoliröschen
1 große rote Chilischote
3 Knoblauchzehen
2 EL Olivenöl
1 EL Butter
2 TL frisch gehackter Thymian (ersatzweise 1 TL getrockneter)
Pfeffer

Zubereitung: ca. 35 Min.
Pro Portion ca. 320 kcal
9 g EW, 16 g F, 38 g KH

Für 2 Personen

1 Zwiebel
1 Knoblauchzehe
3 EL Olivenöl
500 g bunte TK-Paprikastreifen
200 g stückige Tomaten (Dose)
3 Stängel Oregano (oder 1 TL getrockneter)
2 EL Weißweinessig
Salz, Pfeffer
1/2 TL Zucker
250 g Halloumi (Käsespezialität aus Zypern)

Zubereitung: ca. 25 Min.
Pro Portion ca. 635 kcal
32 g EW, 49 g F, 20 g KH

0 Min.

PEPERONATA MIT HALLOUMI

1. Zwiebel und Knoblauch schälen. Zwiebel in feine Spalten, Knoblauch in dünne Scheiben schneiden.

2. In einem Topf 2 EL Olivenöl erhitzen, Zwiebelspalten und Knoblauch darin 2–3 Min. andünsten. Den gefrorenen Paprika dazugeben, die Tomaten unterrühren. Oregano waschen und trocken schütteln, Blättchen abstreifen, hacken und unter das Gemüse mischen. Mit Essig, Salz, Pfeffer und Zucker würzen. Das Gemüse zugedeckt bei mittlerer Hitze 8–10 Min. schmoren, dabei zwischendurch umrühren.

3. Inzwischen den Halloumi quer in 1 cm dicke Scheiben schneiden. In einer großen Pfanne das übrige Öl erhitzen. Halloumischeiben darin portionsweise in 2–3 Min. auf jeder Seite goldbraun braten. Mit dem Paprikagemüse anrichten.

PASST GUT DAZU: Servieren Sie dazu Kartoffel-Wedges aus der Tiefkühltruhe – so wird aus dem vegetarischen Gericht eine komplette Mahlzeit. Auch Couscous passt als Beilage vorzüglich. Weizengrieß nach Packungsangabe in Gemüsebrühe kurz quellen lassen.

0 Min.

ROSENKOHL-GNOCCHI-GRATIN

Kulinarische Liaison zwischen Italien und Deutschland – dank Tiefkühltechnik ein ganzjähriges Vergnügen.

Für 4 Personen

500 g Gnocchi (Kühlregal)
Salz
500 g TK-Rosenkohl
80 g Bresaola-Schinken (in Scheiben)
200 g kleine Strauchtomaten
1 Bund Petersilie
250 g Sahne
150 g geriebener Emmentaler
2 TL Speisestärke
Pfeffer, Fett für die Form

Zubereitung: ca. 30 Min.
Backzeit: ca. 25 Min.
Pro Portion ca. 650 kcal
29 g EW, 36 g F, 54 g KH

1. Die Gnocchi in reichlich Salzwasser einmal aufkochen, dann bei schwacher Hitze 2 Min. ziehen lassen. Mit einer Schaumkelle herausheben und in einem Sieb abtropfen lassen.

2. Das Salzwasser erneut aufkochen, den gefrorenen Rosenkohl hineingeben und darin ohne Deckel 2 Min. sprudelnd kochen. Rosenkohl abgießen, abschrecken und gut abtropfen lassen.

3. Den Backofen auf 180° vorheizen. Den Schinken in grobe Stücke zupfen. Tomaten waschen und halbieren. Petersilie waschen und trocken schütteln, Blättchen abzupfen und fein hacken.

4. Sahne, 100 g Käse und Speisestärke in einer großen Schüssel verrühren. Zwei Drittel der Petersilie untermischen, alles mit Salz und Pfeffer würzen. Die warmen Gnocchi untermischen.

5. Eine Auflaufform (ca. 30 x 20 cm) ein fetten, die Gnocchi-Mischung hineingeben. Rosenkohl, Tomaten und Schinken darauf verteilen und mit dem übrigen Käse bestreuen. Auflauf im heißen Ofen (Mitte; Umluft 160°) 25 Min. überbacken. Mit der restlichen Petersilie bestreut servieren.

VARIANTE: Für **Kartoffel-Wirsing-Gratin** 1 Paket TK-Rahm-Wirsing (500 g) bei mittlerer Hitze in 5–6 Min. auftauen lassen und kurz aufkochen. 600 g festkochende Kartoffeln waschen, schälen und in dünne Scheiben hobeln. 150 g saure Sahne mit 50 ml Milch und 1 Ei (Größe M) glatt rühren, mit Salz, Pfeffer und Muskat würzen. 200 g kleine Strauchtomaten waschen, in Scheiben schneiden. Kartoffeln, Eiersahne und Wirsing in eine gefettete Gratinform schichten. Mit Eiersahne und Tomaten abschließen. 50 g geriebenen mittelalten Gouda darüberstreuen. Gratin im Ofen bei 200° (Mitte; Umluft 180°) 45 Min. backen.

0 Min.

ITALIENISCHE GEMÜSENUDELN

1. Die Nudeln in kochendem Salzwasser nach Packungsangabe bissfest garen und in ein Sieb abgießen.

2. Inzwischen die Pinienkerne in einer Pfanne ohne Fett goldbraun rösten, dann vom Herd nehmen. Die Tomaten waschen, halbieren, entkernen und in kleine Würfel schneiden. Zwiebel und Knoblauch schälen und fein würfeln.

3. Das Olivenöl in einer großen beschichteten Pfanne erhitzen. Zwiebeln darin glasig dünsten, Knoblauch kurz mitbraten.

4. Gefrorenes Pfannengemüse dazugeben und bei mittlerer Hitze 3–4 Min. braten. Gefrorene Pilze und Tomatenwürfel hinzufügen, Essig einrühren. Alles noch 5–6 Min. dünsten.

5. Die Nudeln mit dem Gemüse vermengen und kräftig salzen und pfeffern. Mit Pinienkernen und dem Parmesan bestreut servieren.

Für 4 Personen

300 g Nudeln (z. B. Penne)
Salz
2 EL Pinienkerne
400 g Tomaten
1 Zwiebel
1 Knoblauchzehe
2 EL Olivenöl
400 g TK-Pfannengemüse italienisch
200 g TK-Champignonscheiben
4 TL Aceto balsamico
Pfeffer
50 g geriebener Parmesan

Zubereitung: ca. 30 Min.
Pro Portion ca. 510 kcal
19 g EW, 17 g F, 70 g KH

Für 4 Personen

400 g Tagliatelle
Salz
300 g TK-Erbsen
100 g durchwachsener Räucherspeck
1 EL Olivenöl
1 EL Butter
1 Pck. TK-Petersilie (50 g)
1 EL TK-Basilikum
50 g geriebener Parmesan

Zubereitung: ca. 25 Min.
Pro Portion ca. 605 kcal
30 g EW, 15 g F, 86 g KH

0 Min.

ERBSEN-SPECK-TAGLIATELLE

1. Die Nudeln in kochendem Salzwasser nach Packungsangabe bissfest garen. 2 Min. vor Ende der Garzeit die gefrorenen Erbsen mit ins Kochwasser geben, alles erneut zum Kochen bringen und Erbsen bis zum Schluss mitgaren. Die Erbsen-Nudel-Mischung in ein Sieb abgießen und kurz abtropfen lassen.

2. Inzwischen den Speck in feine Streifen schneiden. Öl und Butter in einer großen Pfanne erhitzen. Den Speck darin bei mittlerer Hitze 4 Min. braten, bis er knusprig und braun ist.

3. Die Nudel-Erbsen-Mischung in die Pfanne geben, mit Speck, Petersilie, Basilikum und Parmesan vermengen. Alles mit Salz und Pfeffer würzen und 1–2 Min. bei schwacher Hitze ziehen lassen, dann servieren.

AUSTAUSCHTIPP: Statt der Erbsen passen auch TK-Pfifferlinge sehr gut zu der Kräuter-Speck-Mischung. Anstelle der TK-Kräuter können Sie auch 1/2 Bund frisch gehackte Petersilie und 1 Handvoll fein geschnittene Basilikumblätter verwenden.

0 Min.

BUNTE GEMÜSE-FRITTATA

1. Die Eier mit der Sahne, Salz, Pfeffer und Paprikapulver verquirlen. Die Zwiebel schälen, halbieren und in Streifen schneiden. Knoblauch schälen und fein würfeln.

2. Das Öl in einer beschichteten Pfanne (Ø 26 cm) stark erhitzen. Das gefrorene Pfannengemüse und die Zwiebelstreifen hineingeben und bei mittlerer Hitze 6–8 Min. braten, dabei mehrmals umrühren. Knoblauch und Kräuter dazugeben und 2 Min. mitbraten. Gemüse mit Salz und Pfeffer kräftig würzen.

3. Den Käse zerbröckeln und über das Gemüse streuen, alles mit der Ei-Sahne-Mischung begießen und bei mittlerer Hitze offen in ca. 6 Min. stocken lassen, dann zugedeckt weitere 6 Min. garen.

4. Die Frittata vorsichtig aus der Pfanne auf einen Teller gleiten lassen, in Tortenstücke schneiden und noch heiß servieren. Dazu passt ein grüner Blattsalat mit Vinaigrette.

Für 2 Personen

4 Eier (Größe L)
3 EL Sahne
Salz, Pfeffer
1/2 TL rosenscharfes Paprikapulver
1 weiße Zwiebel
1 Knoblauchzehe
2 EL Olivenöl
ca. 480 g TK-Pfannengemüse französisch (mit Speck)
1 EL TK-Kräuter der Provence (ersatzweise 1 EL TK-italienische Kräuter)
50 g Schafskäse (Feta)

Zubereitung: ca. 35 Min.
Pro Portion ca. 575 kcal
28 g EW, 43 g F, 19 g KH

Für 12 Stück

12 runde TK-Kartoffelreibekuchen oder -rösti
1 EL Öl
ca. 450 g TK-Mischgemüse
(z. B. Farmers Gemüse: Blumenkohl, Brokkoli, Mais, Möhren)
3 Frühlingszwiebeln
100 g gekochter Schinken
(in Scheiben)
Salz
Pfeffer
100 g geriebener Emmentaler
1/2 Bund Schnittlauch
Backpapier

Zubereitung: ca. 35 Min.
Pro Stück ca. 130 kcal
16 g EW, 5 g F, 3 g KH

0 Min.

ÜBERBACKENE KARTOFFELRÖSTI

1. Den Backofen auf 200° (Umluft 180°) vorheizen. Zwei Backbleche mit Backpapier belegen, die gefrorenen Reibekuchen oder Rösti darauflegen. Im Ofen (Mitte) nacheinander in je 8 Min. braten.

2. Inzwischen in einer beschichteten Pfanne das Öl heiß werden lassen. Das Gemüse hineingeben und bei mittlerer Hitze 4 Min. unter Rühren braten. Vom Herd nehmen.

3. Die Frühlingszwiebeln waschen, putzen und in feine Ringe schneiden. Schinken in feine Streifen schneiden, mit dem Pfannengemüse und den Frühlingszwiebeln mischen und alles salzen und pfeffern.

4. Die Reibekuchen oder Rösti jeweils aus dem Ofen nehmen und wenden. Gemüse-Schinken-Mix darauf verteilen und mit dem Käse bestreuen. Den Ofen auf 220° (Umluft 200°) hochheizen. Belegte Reibekuchen oder Rösti im Ofen (Mitte) nacheinander in je 5–8 Min. überbacken. Inzwischen den Schnittlauch waschen, trocken schütteln und in Röllchen schneiden. Rösti damit bestreut servieren.

FISCH & MEERESFRÜCHTE

Geniale Alternative zu frischem Fisch: TK-Fisch wird sofort nach dem Fang eingefroren und in die Tiefkühltruhen der Supermärkte verfrachtet. Dort tummeln sich viele Produkte aus Meeren und Teichen, die sich ideal für eine gesunde, schnelle Küche eignen: ganze Fische, Naturfilets, auch zubereitete Stücke, Garnelen oder Muscheln. Greifen Sie beim Einkauf bevorzugt zu fair gefischter Ware. Die können Sie bedenkenlos genießen und helfen damit, der Überfischung vorzubeugen. Das MSC-Siegel steht für Seefische aus bestandserhaltender Fischerei. Naturland zeichnet Bio-Fische aus kontrollierter Aquakultur aus.

2–3 Std. oder über Nacht

PFEFFER-THUNFISCH MIT SALAT

1. Thunfisch 2–3 Std. bei Raumtemperatur oder über Nacht im Kühlschrank auftauen lassen. Dann waschen, trocken tupfen und beidseitig mit dem geschroteten Pfeffer einreiben.

2. Für das Dressing Zitronensaft, Honig, Salz, Pfeffer und 4 EL Olivenöl verrühren. Chili putzen, entkernen, waschen und sehr fein würfeln. Die Chiliwürfel zum Dressing geben.

3. Salatblätter waschen, trocken schleudern, putzen und zerpflücken. Melone entkernen, mit einem Melonenausstecher kleine Kugeln aus dem Fruchtfleisch ausstechen. Salat und Melonen mit dem Dressing vorsichtig mischen.

4. Das übrige Öl in einer großen Pfanne erhitzen. Thunfisch darin auf jeder Seite 2–3 Min. bei starker Hitze braten, salzen. Mit dem Salat anrichten und sofort servieren.

Für 4 Personen

400 g TK-Bonito-Thunfischfilets
3 TL grob geschroteter schwarzer Pfeffer
4 EL Zitronensaft
3 TL flüssiger Honig
Salz, Pfeffer
6 EL Olivenöl
1 rote Chilischote
200 g gemischte Blattsalate
(z. B. Rucola, Frisée, Romana)
500 g Charentais-Melone
(ersatzweise ½ große Papaya)

Zubereitung: ca. 30 Min.
Pro Portion ca. 310 kcal
27 g EW, 17 g F, 15 g KH

Für 4 Personen

600 g TK-Fischfilets (z. B. Schellfisch, Kabeljau)
3 Frühlingszwiebeln
1 Ei (Größe M)
2 EL Semmelbrösel
Salz, Pfeffer
2 Salatgurken (à ca. 400 g)
1 EL Butter
100 ml Gemüsebrühe
150 g Sahne
1 Pck. TK-Dill (50 g)
2 EL Öl

Zubereitung: ca. 35 Min.
Pro Portion ca. 360 kcal
31 g EW, 22 g F, 9 g KH

2 Std. oder über Nacht

FISCHFRIKADELLEN MIT GURKENRAGOUT

1. Fischfilets ca. 2 Std. bei Raumtemperatur oder über Nacht im Kühlschrank auftauen lassen. Filets waschen, trocken tupfen und in der Küchenmaschine oder mit einem Messer fein hacken. Frühlingszwiebeln waschen und putzen. Weiße und hellgrüne Teile getrennt fein würfeln. Zwiebelgrün mit Fisch, Ei und Bröseln vermischen, salzen und pfeffern. Aus der Masse 8 Frikadellen formen.

2. Gurken schälen, längs halbieren, entkernen und würfeln. Das Weiße der Frühlingszwiebeln in der Butter glasig dünsten. Gurken 1 Min. mitdünsten. Brühe und Sahne dazugießen.

3. Das Ragout bei mittlerer Hitze offen 3 Min. einkochen lassen, salzen und pfeffern. TK-Dill untermischen.

4. Das Öl in einer großen beschichteten Pfanne erhitzen. Frikadellen darin bei mittlerer Hitze von jeder Seite in 4–5 Min. braten. Frikadellen mit dem Gurkenragout servieren. Dazu passen Pellkartoffeln.

TIPP: Für Fisch-Burger Hamburger-Brötchen aufschneiden, leicht toasten und mit Mayonnaise, Tomatenscheiben, Zwiebelringen, Fischfrikadellen und Salatblättern belegen.

1–2 Std. oder über Nacht

FISCHSUPPE MIT AIOLI-DIP

Vielfalt, die aus der Kälte kommt: Allerlei Fischfilets, Muscheln und Garnelen schwimmen gästefein in einem gehaltvollen Sud.

1. Fischfilets, Muscheln und Garnelen 1–2 Std. bei Raumtemperatur oder über Nacht im Kühlschrank auftauen lassen. Alles kalt waschen und trocken tupfen. Fischfilets schräg in 3 cm große Stücke schneiden, salzen und pfeffern.

2. Für den Dip Ei und Eigelb, Salz, Zucker und Zitronensaft cremig aufschlagen. Öl unter ständigem Weiterschlagen im dünnen Strahl einlaufen lassen. Knoblauch schälen, sehr fein hacken und unterrühren. Dip kalt stellen.

3. Für die Suppe den Fenchel putzen, waschen und würfeln. Möhren schälen, in 1/2 cm breite Scheiben schneiden. Frühlingszwiebeln waschen und putzen. Weiße und hellgrüne Teile getrennt schräg in 1,5 cm große Stücke schneiden.

4. Fenchel, Möhren und das Weiße der Frühlingszwiebeln im heißen Öl 3 Min. dünsten. Thymian und Lorbeer waschen und dazugeben. Fond und Brühe angießen, aufkochen. Alles zugedeckt bei schwacher Hitze 10 Min. garen.

5. Inzwischen die Tomaten überbrühen, abschrecken, häuten, vierteln und entkernen. Mit Fischfilets, Garnelen, Muscheln, Frühlingszwiebelgrün und Dill in den Sud geben. Alles zugedeckt bei schwacher Hitze 5–7 Min. ziehen lassen. Suppe salzen, pfeffern und mit dem Dip servieren.

Für 6 Personen

FÜR DIE FISCHSUPPE

900 g gemischte TK-Fischfilets
(z. B. Dorade, Wildlachs, Kabeljau)
400 g TK-Seemuscheln (roh; mit Schale)
250 g TK-Garnelen (roh; geschält)
Salz, Pfeffer
1 Fenchelknolle
2 Möhren
1 Bund Frühlingszwiebeln
2 EL Olivenöl
4 Zweige Thymian
2 Lorbeerblätter
800 ml Fischfond (Glas)
750 ml Hühner- oder Gemüsebrühe
500 g kleine reife Tomaten
1 Pck. TK-Dill (50 g)

FÜR DEN DIP

1 Ei (Größe M)
1 Eigelb (Größe M)
1/2 TL Salz
1 Prise Zucker
1 EL Zitronensaft
100 ml Öl
75 ml Olivenöl
2 Knoblauchzehen

Zubereitung: ca. 1 Std.
Pro Portion ca. 630 kcal
42 g EW, 47 g F, 9 g KH

2–3 Std. oder über Nacht

MOHN-FISCH MIT ROTE-BETE-SALAT

1. Fischfilets 2–3 Std. bei Raumtemperatur oder über Nacht im Kühlschrank auftauen lassen, dann kalt waschen, trocken tupfen, auf beiden Seiten salzen und pfeffern.

2. Für den Salat den Essig mit 3 EL Wasser, Salz, Pfeffer, Honig und Öl verrühren. Rote Bete halbieren, in Scheiben schneiden. Birne waschen, vierteln, entkernen und in Scheiben schneiden. Rote Bete und Birne unter das Dressing mischen.

3. Mehl auf einen tiefen Teller geben. Auf einem zweiten Semmelbrösel und Mohn mischen. Auf einem weiteren Eier und Sahne verquirlen. Die Filets erst im Mehl wenden, dann durch die Eier-Sahne ziehen und in den Mohn-Bröseln wenden. Panade andrücken.

4. Inzwischen das Schmalz in einer großen beschichteten Pfanne erhitzen. Fischfilets darin bei mittlerer Hitze von jeder Seite 3–4 Min. braten. Auf Küchenpapier kurz abtropfen lassen. Mit Rote-Bete-Salat servieren.

Für 3–4 Personen

3–5 TK-Rotbarsch-Naturfilets (ca. 360 g)
Salz, Pfeffer
2 EL Weißweinessig
1 TL flüssiger Honig
4 EL Rapsöl
400 g gekochte Rote Bete (vakuumverpackt)
1 reife Birne (ca. 170 g)
80 g Mehl
80 g Semmelbrösel
2 EL Mohnsamen
2 Eier (Größe M)
4 EL Sahne
50 g Butterschmalz

Zubereitung: ca. 40 Min.
Bei 4 pro Portion ca. 585 kcal
35 g EW, 46 g F, 55 g KH

Für 4 Personen

400 g TK-Seelachsfilets
Salz, Pfeffer
3 EL Mehl
40 g geröstete ungesalzene Erdnüsse
4 EL Semmelbrösel
2 Eier (Größe M)
1 kg TK-Asia-Gemüsemischung (ungewürzt)
4 EL Öl
3 EL süß-scharfe Chilisauce
2–3 EL helle Sojasauce

Zubereitung: ca. 35 Min.
Pro Portion ca. 450 kcal
33 g EW, 20 g F, 34 g KH

1 Std.

ERDNUSSFISCH AUF ASIAGEMÜSE

1. Die Fischfilets 1 Std. antauen lassen, dann kalt waschen, trocken tupfen und längs in 3 cm breite Streifen schneiden, salzen und pfeffern.

2. Mehl auf einen tiefen Teller geben. Die Erdnüsse fein hacken, mit den Semmelbröseln auf einem zweiten Teller mischen. Auf einem weiteren die Eier verquirlen. Fischstücke erst im Mehl wenden, dann durch die Eier ziehen und sofort in den Bröseln wenden. Panade andrücken.

3. Eine große Pfanne auf höchster Stufe erhitzen. Das gefrorene Gemüse darin mit 2 EL Öl unter Wenden bei mittlerer Hitze 7–8 Min. braten. Mit Chili- und Sojasauce würzen.

4. Inzwischen in einer großen beschichteten Pfanne das übrige Öl erhitzen, Fischstäbchen darin bei mittlerer Hitze portionsweise von jeder Seite in 2–3 Min. goldbraun braten. Auf Küchenpapier kurz abtropfen lassen. Fisch auf dem Gemüse anrichten und sofort servieren.

AUSTAUSCHTIPP: Wer keine Erdnüsse mag, verwendet geröstete Cashewkerne oder auch Sesamsamen für die Knusperkruste.

2–3 Std. oder über Nacht

LACHS AUF KOHLRABIBETT

Zartes Filet mit feiner Tomaten-Kräuter-Kruste: So ködert man Feinschmecker!

1. Die Lachsfilets 2–3 Std. abgedeckt bei Raumtemperatur oder über Nacht im Kühlschrank auftauen lassen, dann kalt waschen und trocken tupfen. Auf beiden Seiten mit Salz, Pfeffer und dem Zitronensaft würzen.

2. Den Backofen auf 200° (Umluft 180°) vorheizen. Für die Kräuterstreusel die gefrorenen Kräuter, Semmelbrösel, Tomatenmark und Butter mit den Händen vermischen, bis Brösel entstehen. Brösel mit Salz und Pfeffer würzen.

3. Für das Gemüse die Kohlrabi putzen und schälen. Erst in Stücke, dann in dünne Scheiben schneiden. Die Butter in einem breiten Topf zerlassen, Kohlrabi darin 2–3 Min. andünsten. Brühe und Sahne angießen, alles bei mittlerer Hitze offen 5 Min. kochen lassen, dabei gelegentlich rühren. Dann die gefrorenen Zuckerschoten untermischen. Alles mit Salz und Pfeffer abschmecken.

4. Die Gemüse-Mischung in eine flache Auflaufform geben. Die Lachsfilets darauflegen und mit den Kräuter-Streuseln bestreuen. Alles im Ofen (Mitte) 20 Min. überbacken.

5. Inzwischen den Rucola waschen, putzen, harte Stiele abknipsen, Blätter grob hacken. Gemüse und Lachs aus dem Ofen mit Rucola bestreut servieren. Dazu schmecken Pellkartoffeln.

Für 4 Personen

FÜR DEN FISCH

4 TK-Lachsfilets (ohne Haut; à ca. 160 g)
Salz, Pfeffer
1 EL Zitronensaft
1 Pck. TK-8–Kräutermischung (50 g)
75 g Semmelbrösel
2 EL Tomatenmark
75 g kalte Butter

FÜR DAS GEMÜSE

2 Kohlrabi (ca. 600 g)
1 EL Butter
125 ml Gemüsebrühe
150 g Sahne
250 g TK-Zuckerschoten (ersatzweise TK-Erbsen)
Salz, Pfeffer
30 g Rucola (ersatzweise 2 EL TK-Basilikum)

Zubereitung: ca. 35 Min.
Garzeit: ca. 20 Min.
Pro Portion ca. 760 kcal
40 g EW, 54 g F, 28 g KH

VARIANTE Für **Fisch mit Spinatkruste** 250 g TK-Blattspinat (aufgetaut und ausgedrückt) mit 2 EL körnigem Senf, je 75 g Semmelbröseln und weicher Butter mischen, auf 4 aufgetaute TK-Fischfilets (z. B. Seelachs) streichen und wie beschrieben im Ofen überbacken.

0 Min.

MEERESFRÜCHTE-CURRY

1. Die Meeresfrüchte in einem Sieb über einer Schüssel 10 Min. antauen lassen. Inzwischen Zwiebel und Ingwer schälen und fein würfeln.

2. Das Öl in einer großen Pfanne erhitzen. Zwiebelwürfel und Ingwer darin 2–3 Min. dünsten. Currypaste einrühren und kurz mitdünsten. Kokosmilch und Brühe dazugießen. Aufkochen und offen bei mittlerer Hitze 5–7 Min. einkochen lassen.

3. Inzwischen die angetauten Meeresfrüchte waschen, trocken tupfen, mit Salz, Pfeffer und Limettensaft würzen und mit dem gefrorenen Gemüse in die Kokos-Sauce geben.

4. Alles zugedeckt bei mittlerer Hitze 5–6 Min. kochen lassen. Mit Salz und Pfeffer würzen. Die Cashewkerne grob hacken. Curry damit bestreut servieren. Dazu schmeckt Basmatireis.

Für 2 Personen

1 Pck. TK-Meeresfrüchte
(500 g)
1 Zwiebel
1 Stück frischer Ingwer
(ca. 1 cm)
2 EL Öl
2–3 TL rote Currypaste
100 ml cremige ungesüßte Kokosmilch (Dose)
100 ml Gemüsebrühe
Salz, Pfeffer
2 TL Limettensaft
ca. 450 g TK-Mischgemüse
(z. B. Brokkoli, Möhren, grüne Bohnen)
2 EL Cashewkerne

Zubereitung: ca. 30 Min.
Pro Portion ca. 480 kcal
45 g EW, 26 g F, 17 g KH

Für 2 Personen

250 g TK-Garnelen (roh und geschält)
1 Zwiebel
1 Knoblauchzehe
1 rote Chilischote
2 EL Olivenöl
Salz, Pfeffer
300 g bunte TK-Paprikastreifen
1–2 EL Weißweinessig
1 Dose stückige Tomaten mit Kräutern (400 g)
1 Pck. TK-Petersilie (50 g)

Zubereitung: ca. 30 Min.
Pro Portion ca. 260 kcal
20 g EW, 12 g F, 16 g KH

0 Min.

GARNELEN-PAPRIKA-PFANNE

1. Die Garnelen in einem Sieb über einer Schüssel 10 Min. antauen lassen. Inzwischen Zwiebel und Knoblauch schälen und fein würfeln. Die Chilischote putzen, entkernen, waschen und in kleine Würfel schneiden.

2. Die angetauten Garnelen kalt waschen, trocken tupfen und in einer großen Pfanne im Öl bei starker Hitze unter Wenden 2 Min. anbraten. Garnelen mit Salz und Pfeffer würzen, aus der Pfanne nehmen und beiseitestellen.

3. Die gefrorenen Paprikastreifen, Zwiebelwürfel, Knoblauch und Chili in die Pfanne geben und 4 Min. zugedeckt dünsten. Mit dem Essig ablöschen, Tomaten dazugeben und alles bei mittlerer Hitze 5 Min. offen einkochen lassen. Die Garnelen hinzufügen und 2 Min. erhitzen. Alles mit Salz und Pfeffer abschmecken. Die gefrorene Petersilie unterrühren, alles 1–2 Min. ziehen lassen und servieren. Dazu schmeckt Baguette, italienisches Weißbrot oder Ciabatta.

4 Std. oder über Nacht

DORADEN VOM BLECH AUF KARTOFFELSCHEIBEN

Wenig Aufwand, große Freude: Die Brassen für das gästefeine Gericht können Sie auch bequem über Nacht auftauen lassen.

Für 4 Personen

FÜR DIE DORADEN

4 TK-Doraden (ca. 1 kg)
1 Bio-Zitrone
Salz, Pfeffer
2 EL Olivenöl
1 Knoblauchzehe
8 Zweige Thymian

FÜR DIE KARTOFFELN

1 kg festkochende Kartoffeln
1 Pck. TK-Petersilie (50 g)
75 ml Olivenöl
Salz, Pfeffer
2 TL edelsüßes Paprikapulver
125 ml trockener Weißwein (ersatzweise Hühner- oder Gemüsebrühe)

Zubereitung: ca. 30 Min.
Backzeit: ca. 30–35 Min.
Pro Portion ca. 540 kcal
30 g EW, 31 g F, 32 g KH

1. Die Doraden 4 Std. bei Raumtemperatur oder über Nacht im Kühlschrank auftauen lassen.

2. Den Backofen auf 200° (Mitte; Umluft 180°) vorheizen. Kartoffeln schälen, waschen und in 1/2 cm dünne Scheiben schneiden. Die gefrorene Petersilie mit 2 EL Olivenöl, Salz, Pfeffer und Paprikapulver verrühren. Kartoffeln in der Marinade wenden, in der Fettpfanne des Ofens verteilen. Das übrige Öl und den Wein über die Kartoffeln gießen. Kartoffeln im Ofen (Mitte) 10 Min. vorbacken.

3. Inzwischen die Doraden waschen, trocken tupfen und beidseitig alle 2 cm schräg einschneiden. Die Zitrone heiß waschen, abtrocknen und halbieren. Eine Hälfte in Scheiben schneiden, von der zweiten Zitronenhälfte die Schale abreiben und den Saft auspressen. Zitronenschale und -saft mit Salz, Pfeffer und Olivenöl verrühren. Knoblauch schälen und dazudrücken. Die Doraden innen und außen mit dem Zitronen-Öl einstreichen, je 1 Zitronenscheibe und 2 Thymianzweige in die Bauchhöhle stecken.

4. Die Doraden auf die vorgebackenen Kartoffeln auf das Blech legen und alles im heißen Ofen (Mitte) in 20–25 Min. fertig braten. Fisch und Kartoffeln aus dem Ofen anrichten und mit etwas Sud beträufeln. Dazu passt ein gemischter Salat mit Rucola und Tomaten.

AUSTAUSCHTIPP Lust auf Meer? Dann legen Sie statt der Doraden mal aufgetaute Makrelen oder Wolfsbarsch aus der Tiefkühltruhe aufs Blech!

2–3 Std. oder über Nacht

FISCH-LASAGNE MIT SPINAT

Hochgenuss auf italienische Art: mit Fischfilets und Blattspinat aus dem Eis-Vorrat.

Für 4 Personen

400 g TK-Lachsfilet (ohne Haut)
350 g TK-Kabeljaufilet
Salz, Pfeffer
3 EL Zitronensaft
500 g TK-Blattspinat
frisch geriebene Muskatnuss
3 EL Butter
2 EL Mehl
400 ml Fisch- oder Hühnerfond (Glas)
250 ml Milch
125 g Sahne
1 Pck. TK-Dill (50 g)
250 g Lasagneblätter ohne Kochen
Butter oder Öl für die Form

Zubereitung: ca. 1 Std.
Backzeit: ca. 30–35 Min.
Pro Portion ca. 770 kcal
53 g EW, 36 g F, 57 g KH

1. Die Fischfilets 2–3 Std. bei Raumtemperatur oder über Nacht im Kühlschrank auftauen lassen, dann waschen, trocken tupfen und in mundgerechte Stücke schneiden. Mit Salz und Pfeffer würzen und mit 2 EL Zitronensaft beträufeln.

2. Gefrorenen Spinat mit 100 ml Wasser in einen Topf geben und bei mittlerer Hitze in 6–7 Min. auftauen lassen. Spinat in einem Sieb abtropfen lassen und die verbleibende Flüssigkeit mit einem Löffel ausdrücken. Spinat in eine Schüssel geben und mit Salz, Pfeffer und Muskat kräftig würzen.

3. Den Backofen auf 200° vorheizen. Für die Béchamelsauce 2 EL Butter in einem Topf aufschäumen lassen, das Mehl einrühren. Fond, Milch und Sahne angießen, alles unter Rühren aufkochen und 10 Min. bei schwacher Hitze kochen lassen. Sauce mit Salz, Pfeffer und übrigem Zitronensaft abschmecken. Gefrorenen Dill unter die Sauce rühren.

4. Eine tiefe rechteckige Auflaufform (ca. 35 x 20 cm) einfetten, dann etwas Sauce darauf verteilen und mit einer Lage Lasagneblätter auslegen. Ein Viertel der Sauce darüber verteilen, je ein Drittel Spinat und Fisch daraufgeben und mit Nudeln bedecken. Diesen Vorgang wiederholen. Die letzte Nudelschicht mit Sauce bedecken und mit der übrigen Butter in Flöckchen belegen.

5. Die Lasagne im Ofen (Mitte; Umluft 180°) 30–35 Min. backen, bis sie leicht gebräunt ist. Aus dem Ofen nehmen und 5 Min. ruhen lassen. Dazu passt ein gemischter Blattsalat mit Tomaten und Vinaigrette.

VARIANTE: Noch raffinierter schmeckt die Lasagne, wenn Sie die fertige Béchamelsauce mit 3 TL Meerrettich (Glas) abrunden und mit dem frischen Fisch noch zusätzlich 100 g Räucherlachs in Scheiben einschichten.

FLEISCH, GEFLÜGEL & WILD

Große Lust auf Fleisch? Machen Sie es sich leicht – mit einem guten Essen auf der Basis von Fleisch, Geflügel oder Wild aus dem Kälteschlaf. Damit verwöhnen Sie Ihre Familie und Ihre Gäste, und bewahren beim Kochen einen kühlen Kopf. Roh, ungewürzt und küchenfertig kann Fleisch monatelang bei Minusgraden lagern, ohne an Frische, Qualität und Nährstoffen zu verlieren. Wer es behutsam bei Raumtemperatur oder über Nacht im Kühlschrank auftauen lässt, wird aufs Köstlichste belohnt: Filet-Geschnetzeltes, knusprige Ente, Puten-Wok oder Hirschgulasch laden zum Schlemmen ein. Guten Appetit!

0 Min.

CARPACCIO MIT PRINZESSBOHNEN

1. Zwei Teller mit Walnussöl bestreichen, mit Salz und Pfeffer bestreuen. Gefrorenes Carpaccio auf die Teller stürzen. Folie entfernen, Fleisch 20 Min. auftauen lassen.

2. Inzwischen den Zitronensaft mit Pfeffer und dem Olivenöl verrühren, die Kapern untermischen.

3. Die Bohnen in 1 l sprudelnd kochendem Salzwasser 2 Min. garen, abgießen, abschrecken und abtropfen lassen, dann nach Belieben halbieren. Bohnen salzen, pfeffern und mit 1 EL Kapern-Vinaigrette mischen. Rucola waschen, trocken schütteln, putzen und grob hacken.

4. Bohnen und Rucola auf dem Carpaccio verteilen. Übrige Vinaigrette darüberträufeln. Parmesan mit einem Sparschäler in Spänen darüberhobeln. Alles mit Salz bestreuen und mit Pfeffer übermahlen. Dazu schmeckt Baguette.

Für 2 Personen

2 EL Walnussöl
Salz, Pfeffer
1 Pck. TK-Carpaccio vom Rind
(2 Portionen à 80 g)
1 EL Zitronensaft
2 EL Olivenöl
1 EL kleine Kapern
200 g TK-Prinzessbohnen
30 g Rucola (ersatzweise 2 EL TK-Basilikum)
1 Stück Parmesan (ca. 20 g)

Zubereitung: ca. 30 Min.
Pro Portion ca. 405 kcal
28 g EW, 27 g F, 12 g KH

Für 2 Personen

8 kleine oder 4 doppelte TK-Lammkoteletts (ca. 500 g)
2 TL frisch gehackter Thymian (ersatzweise 1 TL getrockneter)
1/2 TL rosenscharfes Paprikapulver
4 EL Olivenöl
Salz, Pfeffer
400 g Hokkaidokürbis
1 rote Zwiebel
150 g Sahnejoghurt
Chiliflocken zum Bestreuen

Zubereitung: ca. 30 Min.
Pro Portion ca. 638 kcal
45 g EW, 37 g F, 21 g KH

3 Std. oder über Nacht

LAMMKOTELETTS MIT KÜRBIS

1. Koteletts 3 Std. bei Raumtemperatur oder über Nacht im Kühlschrank auftauen lassen. Dann das Fleisch waschen und trocken tupfen. Thymian, Paprika, 2 EL Öl, Salz und Pfeffer verrühren, Fleisch damit bestreichen.

2. Den Kürbis entkernen, waschen, mit der Schale erst in Spalten, dann quer in dünne Scheiben schneiden. Die Zwiebel schälen und in feine Spalten schneiden.

3. Das übrige Öl in einer beschichteten Pfanne erhitzen. Die Kürbis- und Zwiebelspalten darin 2–3 Min. anbraten, salzen und pfeffern. 5 EL Wasser dazugeben und das Gemüse zugedeckt in 7–8 Min. weich dünsten.

4. Gleichzeitig eine Grillpfanne stark erhitzen, Koteletts darin auf jeder Seite 2–3 Min. braten. Mit dem Kürbisgemüse auf vorgewärmten Tellern anrichten. Den Joghurt dazu servieren, Chiliflocken daraufstreuen. Dazu schmeckt Ciabatta.

AUSTAUSCHTIPP: Außerhalb der Kürbissaison passen Zucchini sehr gut. Sie müssen nur in Scheiben geschnitten und mit den Zwiebelspalten 5 Min. gebraten werden.

über Nacht

GESCHNETZELTES SCHWEINE-FILET MIT WALDPILZEN

Sonntagsessen voll Aroma. Sanft aufgetaut gelingt das Fleisch besonders zart.

Für 4 Personen

1 großes TK-Schweinefilet (ca. 600 g)
Pfeffer
1/2 EL edelsüßes Paprikapulver
1 Bund Frühlingszwiebeln
1 rote Chilischote
3 EL Öl
Salz
1 Pck. TK-Waldpilzmischung (380 g)
2 TL Mehl
150 ml Hühner- oder Gemüsebrühe
150 g Sahne
1–2 TL Zitronensaft
1 Bund Schnittlauch (ersatzweise 2–3 EL TK-Schnittlauch)

Zubereitung: ca. 40 Min.
Pro Portion ca. 400 kcal
39 g EW, 24 g F, 10 g KH

1. Das Schweinefilet 12 Std., z. B. über Nacht, im Kühlschrank auftauen lassen. Am nächsten Tag das Filet waschen, abtrocknen und in feine Streifen schneiden. Mit Pfeffer und Paprikapulver würzen. Die Frühlingszwiebeln waschen, putzen und schräg in Stückchen schneiden. Chili putzen, entkernen, waschen und in Streifen schneiden.

2. In einer großen Pfanne 2 EL Öl erhitzen. Das Fleisch darin portionsweise bei starker Hitze unter Wenden in 2–3 Min. braun anbraten. Herausnehmen, salzen und auf einem Teller abgedeckt warm halten.

3. Die gefrorenen Pilze in das heiße Bratfett geben, 5 Min. unter Wenden braten. Frühlingszwiebeln und Chili dazugeben und 3 Min. mitbraten. Alles mit dem Mehl bestäuben und 1 Min. anschwitzen. Dann mit der Brühe und der Sahne ablöschen, aufkochen und bei schwacher Hitze 3 Min. kochen lassen.

4. Das Fleisch samt gezogenem Fleischsaft hinzufügen und 2 Min. miterhitzen. Sauce mit Salz, Pfeffer und Zitronensaft abschmecken. Schnittlauch waschen, trocken schütteln und in feine Röllchen schneiden. Zwei Drittel davon unter das Geschnetzelte heben, den Rest darüberstreuen. Dazu schmecken Rösti, Bandnudeln oder Kartoffelpüree.

VARIANTE: Für **gratinierte Pilz-Medaillons** das Fleisch in 2 cm breite Medaillons schneiden und wie beschrieben würzen. Im heißen Öl auf beiden Seiten 4 Min. anbraten. Herausnehmen, beidseitig salzen und in eine Gratinform legen. Die Pilzsauce zubereiten und über dem Fleisch verteilen. Mit 100 g geraspeltem Gouda bestreuen und im vorgeheizten Backofen bei 180° (Mitte; Umluft 160°) 20 Min. überbacken. Mit 2 EL TK-Petersilie bestreut servieren.

1–2 Std. oder über Nacht

PUTEN-GEMÜSE-WOK

1. Fleisch 1–2 Std. bei Raumtemperatur oder über Nacht im Kühlschrank auftauen lassen. Waschen, abtrocknen und in Streifen schneiden. Pilze entstielen und halbieren. Frühlingszwiebeln waschen, putzen und schräg in 1 cm dicke Stücke schneiden. Ingwer und Knoblauch schälen. Die Chilischoten putzen, entkernen, waschen und mit Ingwer und Knoblauch fein hacken.

2. In einem Wok oder einer großen Pfanne 2 EL Öl stark erhitzen. Fleisch darin portionsweise unter Wenden bei mittlerer Hitze in 5–6 Min. braun braten. Herausnehmen und warm stellen. Übriges Öl im Wok erhitzen. Pilze, Frühlingszwiebeln, gefrorene Paprika und Zuckerschoten, Ingwer, Knoblauch und Chilis hinzufügen und bei starker Hitze 2 Min. unter Rühren braten.

3. Das Fleisch dazugeben, Brühe, Soja- und Austernsauce unterrühren. Alles aufkochen und 3 Min. ziehen lassen. Dazu passt Reis.

Für 4 Personen

500 g TK-Putenschnitzel
125 g Shiitakepilze
5 Frühlingszwiebeln
1 Stück frischer Ingwer (ca. 2 cm)
1 Knoblauchzehe
2 kleine rote Chilischoten
3 EL Öl
300 g TK-bunte Paprikastreifen
150 g TK-Zuckerschoten
100 ml Hühnerbrühe
2 EL Sojasauce
2–3 EL Austernsauce (ersatzweise mehr Sojasauce)

Zubereitung: ca. 30 Min.
Pro Portion ca. 290 kcal
35 g EW, 9 g F, 16 g KH

Für 4 Personen

2 rote Paprikaschoten (ersatzweise 250 g bunte TK-Paprikastreifen)
250 g Spitzkohl
1 weiße Zwiebel
2 Knoblauchzehen
2 EL Olivenöl
500 g TK-Gyros-Pfanne
1 EL Zitronensaft
Salz, Pfeffer

Zubereitung: ca. 30 Min.
Pro Portion ca. 235 kcal
28 g EW, 10 g F, 7 g KH

0 Min.

PFANNEN-GYROS

1. Paprikaschoten vierteln, entkernen und waschen. Spitzkohl waschen und putzen. Zwiebel schälen. Alles getrennt in feine Streifen schneiden. Knoblauch schälen und klein würfeln.

2. In einer großen beschichteten Pfanne 1 EL Öl erhitzen. Das gefrorene Fleisch darin bei starker Hitze in 6–8 Min. rundherum hellbraun braten. Fleisch samt Fleischsaft aus der Pfanne nehmen und warm halten.

3. Paprikastreifen mit übrigem Öl in die Pfanne geben und unter Rühren bei mittlerer Hitze 2 Min. anbraten.

4. Kohl 1 weitere Min. mitbraten. Zwiebeln und Knoblauch hinzufügen und 1 Min. mitbraten. Den Zitronensaft dazugeben. Fleisch untermischen und 1–2 Min. ziehen lassen. Pfannen-Gyros salzen und pfeffern und servieren. Dazu schmeckt Fladenbrot.

AUCH GUT DAZU: Für einen Joghurt-Quark-Dip je 150 g Magerquark und Sahnejoghurt mit 2 TL Zitronensaft, Salz und Pfeffer verrühren. 150 g Salatgurke schälen, entkernen, raspeln, trockentupfen und unterrühren. Wer mag, kann noch 1 kleine Knoblauchzehe schälen und durch die Presse dazudrücken.

0 Min.

MEDITERRANE HÄHNCHEN-SCHENKEL VOM BLECH

Feine Sache: Während die gefrorenen Keulen schon im Ofen brutzeln, wird das Gemüse fix vorbereitet.

1. Den Backofen auf 220° vorheizen. Die gefrorenen Hähnchenschenkel in die Fettpfanne des Ofens legen und im heißen Ofen (Mitte; Umluft 200°) 30 Min. braten.

2. Inzwischen Aubergine und Zucchini putzen, waschen und nach Belieben längs halbieren oder vierteln und jeweils in knapp 1 cm dicke Scheiben schneiden. Die Zwiebeln schälen und in Spalten schneiden. Die Paprikaschoten waschen, vierteln, entkernen und in 1,5 cm breite Streifen teilen. Gemüse in einer Schüssel mischen, mit Salz und Pfeffer würzen.

3. Rosmarin, Thymian und Lorbeer waschen und trocken schütteln. Das Olivenöl mit dem Zitronensaft, Salz und Pfeffer in einem Schälchen verquirlen.

4. Nach 30 Min. Bratzeit die Hähnchenschenkel vom Blech nehmen. Das Gemüse in der Fettpfanne des Ofens verteilen. Rosmarin, Thymian und Lorbeer zwischen das Gemüse stecken. Die vorgebratenen Hähnchenteile auf das Gemüse legen, mit dem Zitronen-Öl beträufeln und im heißen Ofen weitere 40 Min. braten.

5. Geflügel samt Gemüse aus dem Ofen nehmen und auf Teller verteilen. Dazu passt Ciabatta oder Focacciabrot.

Für 4 Personen

4 TK-Hähnchenschenkel mit Rückenteil (ca. 1,2 kg)
1 mittelgroße Aubergine
400 g kleine Zucchini
2 rote Zwiebeln
je 1 rote und gelbe Paprikaschote (ersatzweise 250 g bunte TK-Paprikastreifen)
Salz, Pfeffer
2 Zweige Rosmarin
1/2 Bund Thymian
2–3 frische Lorbeerblätter (ersatzweise getrocknete)
8 EL Olivenöl
2 EL Zitronensaft

Zubereitung: ca. 30 Min.
Bratzeit: ca. 1 Std. 10 Min.
Pro Portion ca. 595 kcal
47 g EW, 41 g F, 8 g KH

TIPP: Wenn Sie die Hähnchenschenkel über Nacht im Kühlschrank auftauen lassen, verkürzt sich die Bratzeit um ca. 10 Min.

AUCH GUT DAZU: Kleine Pellkartoffeln mit Schale halbieren und in Olivenöl in einer beschichteten Pfanne in 5 Min. goldbraun braten. Mit Meersalz und Rosmarin oder Thymian würzen.

über Nacht

GEFÜLLTE TEX-MEX-FRIKADELLEN

1. Hackfleisch über Nacht im Kühlschrank auftauen lassen. Am nächsten Tag das Brötchen in Wasser einweichen. Oregano waschen und trocken schütteln, Blättchen abzupfen und hacken.

2. Brötchen ausdrücken und mit Hackfleisch, Ei und Oregano verkneten. Fleischteig kräftig mit Paprikapulver, Salz und Pfeffer abschmecken.

3. Oliven fein hacken, mit dem gefrorenen Mais und dem Cheddar vermischen. Aus der Hackmasse 8 Frikadellen formen und flach drücken. Je 3 TL Mais-Mischung in die Mitte geben, Fleischteig jeweils um die Füllung herum gut zusammendrücken.

4. Öl in einer großen beschichteten Pfanne erhitzen. Frikadellen darin bei mittlerer Hitze von jeder Seite 5–6 Min. braten. Herausnehmen und heiß oder kalt servieren. Dazu passen Salat, Weißbrot und Tacosauce.

Für 4 Personen

500 g TK-gemischtes Hackfleisch
1 Brötchen vom Vortag
3 Stängel Oregano (ersatzweise 1 TL getrockneter)
1 Ei (Größe M)
1 TL rosenscharfes Paprikapulver
Salz, Pfeffer
30 g grüne, paprikagefüllte Oliven ohne Stein
60 g TK-Maiskörner
2 EL geraspelter Cheddar (ersatzweise geriebener Emmentaler)
4 EL Olivenöl

Zubereitung: ca. 45 Min.
Pro Portion ca. 520 kcal
30 g EW, 40 g F, 10 g KH

Für 12 Stück

250 g TK-Rinderhackfleisch
24 quadratische TK-Frühlingsrollenhüllen (Asienladen; à ca. 30 x 30 cm)
100 ml Öl
1 Knoblauchzehe
2–3 TL Sojasauce
1 TL Sambal oelek
500 g TK-Asia-Wok-Gemüsemix
200 g Chinakohl
1 Eiweiß (Größe L)

Zubereitung: ca. 1 Std.
Pro Stück ca. 295 kcal
10 g EW, 11 g F, 24 g KH

über Nacht

BEEF-FRÜHLINGSROLLEN

1. Hackfleisch über Nacht im Kühlschrank auftauen. Am nächsten Tag Teighüllen in 10 Min. auftauen lassen, mit einem nassen Tuch abdecken.

2. In einer großen beschichteten Pfanne 1 EL Öl erhitzen, Hackfleisch darin unter Rühren bei mittlerer Hitze in 5 Min. braun und krümelig braten. Knoblauch schälen und dazupressen. Fleisch mit Sojasauce und Sambal oelek würzen und herausnehmen. Das gefrorene Gemüse in die Pfanne geben und darin 4–5 Min. unter Rühren braten. Chinakohl waschen, putzen und in sehr feine Streifen schneiden, in der Pfanne mit dem Hackfleisch und dem Gemüse mischen und knapp 1 Min. mitbraten.

3. Je 2 Teigplatten an den Rändern mit Eiweiß bestreichen, aufeinander legen. Je 2 gehäufte EL Füllung mittig darauf verteilen. Die Teigplatten aufrollen, dabei an einer Ecke beginnen und die Seitenecken jeweils über die Füllung klappen.

4. Das übrige Öl in der Pfanne erhitzen. Frühlingsrollen darin portionsweise in 5 Min. rundherum goldbraun braten. Dazu passt süß-saure Chilisauce und ein grüner Blattsalat.

20–24 Std.

BRATENTE MIT ROTKOHL

Bleiben Sie cool – die Hauptzutaten für das Festessen Ente, Suppengrün, Rotkraut und Beeren kommen küchenfertig aus dem Tiefkühler.

Für 4 Personen

FÜR DIE ENTE

1 TK-Ente (ca. 1,6 kg)
Salz, Pfeffer
2 EL Öl
2 Zwiebeln
2 Pck. TK-Suppengrün (à 50 g)
1 EL Tomatenmark
400 ml Entenfond (Glas)
1 EL Speisestärke
1 EL rotes Johannisbeergelee

FÜR DEN ROTKOHL

2 rote Zwiebeln
2 EL Butterschmalz
750 g TK-Rotkohl naturell
100 ml Apfel- oder Birnensaft
250 g TK-Cranberrys
Salz, Pfeffer
1–2 EL flüssiger Honig

Zubereitung: ca. 2 Std. 10 Min.
Pro Portion ca. 950 kcal
62 g EW, 66 g F, 27 g KH

1. Die Ente 20–24 Std. abgedeckt im Kühlschrank auftauen lassen. Dann innen und außen waschen, trocken tupfen und rundum mit Salz und Pfeffer würzen. Keulen mit Küchengarn zusammenbinden.

2. Den Backofen auf 200° vorheizen. In einem Bräter das Öl erhitzen. Zwiebeln schälen, würfeln und mit dem gefrorenen Suppengrün im heißen Fett bei starker Hitze 3 Min. braten. Tomatenmark einrühren und kurz anschwitzen. Mit Fond und 100 ml Wasser ablöschen und alles 5 Min. kochen lassen. Ente mit der Brustseite nach oben in den Bräter legen. Im Ofen (unten; Umluft 180°) 2 Std. braten, dabei mehrmals mit dem ausgetretenen Bratensaft und nach und nach mit 500 ml Wasser begießen.

3. Für den Rotkohl die Zwiebeln schälen, fein würfeln und im heißen Schmalz glasig dünsten. Den gefrorenen Rotkohl bei mittlerer Hitze 5 Min. mitdünsten. Saft dazugießen und aufkochen. Rotkohl zugedeckt bei schwacher Hitze 10 Min. dünsten. Die gefrorenen Cranberrys unterrühren. Alles weitere 5 Min. garen. Mit Salz und Pfeffer würzen und mit dem Honig abschmecken.

4. Ente aus dem Bräter heben. Sauce durch ein Sieb in einen Topf passieren. Ente zurück in den Bräter setzen und im Ofen bei 220° (Mitte; Umluft 200°) noch 10 Min. bräunen. Sauce entfetten. Speisestärke mit 3 EL Wasser verrühren. Sauce damit binden und mit Gelee, Salz und Pfeffer abschmecken.

5. Die Ente tranchieren und mit Sauce und Rotkohl servieren. Ganz klassisch passen dazu noch Kartoffelknödel.

4 Std. oder über Nacht

HIRSCHGULASCH MIT BUNTEN MÖHREN

Da müssen Sie nicht zum Jäger werden: Greifen Sie doch einfach im Supermarkt in die Gefriertruhe!

Für 4 Personen

750 g TK-Hirschsaftbraten (aus der Schulter; ohne Knochen, gespickt)
10 g getrocknete Steinpilze
4 Schalotten
2 Knoblauchzehen
4 EL Olivenöl
Salz, Pfeffer
1 EL Tomatenmark
250 ml Rotwein (ersatzweise roter Traubensaft)
4 Wacholderbeeren
2 Lorbeerblätter
500 ml Wildfond (Glas) **oder Fleischbrühe**
500 g TK-bunter Möhrenmix
1/2 Bund Petersilie

Zubereitung: ca. 45 Min.
Garzeit: ca. 1 Std. 40 Min.
Pro Stück ca. 450 kcal
47 g EW, 19 g F, 9 g KH

1. Fleisch 4 Std. bei Raumtemperatur oder über Nacht im Kühlschrank auftauen lassen, dann waschen, trocken tupfen und in 2–3 cm große Stücke schneiden.

2. Die Steinpilze in 100 ml heißem Wasser 20 Min. einweichen. Inzwischen Schalotten und Knoblauch schälen. Schalotten vierteln, Knoblauch in Scheiben schneiden. Steinpilze in ein Sieb abgießen, den Sud auffangen. Pilze hacken.

3. In einem Schmortopf 3 EL Olivenöl erhitzen. Das Fleisch portionsweise bei starker Hitze unter Wenden 5 Min. braun anbraten, jeweils aus dem Topf nehmen und mit Salz und Pfeffer würzen. Ist alles angebraten, das gesamte Fleisch wieder in den Topf geben. Schalotten und Knoblauch hinzufügen und 2–3 Min. mitbraten. Tomatenmark einrühren und kurz anrösten. Alles mit dem Wein ablöschen. Die Pilzmarinade zum Fleisch gießen. Steinpilze, Wacholderbeeren und Lorbeerblätter hinzufügen. Das Gulasch nochmals salzen und pfeffern und bei halb aufgelegtem Deckel 1 Std. schmoren, dabei nach und nach den Fond oder die Brühe angießen.

4. Nach 1 Std. die gefrorenen Möhren zum Gulasch geben und alles 30–40 Min. weiterschmoren. Petersilie waschen und trocken schütteln, Blättchen abzupfen, hacken und zum Gulasch geben. Dazu schmecken Salzkartoffeln mit Thymian oder Nudeln, z. B. Eierspätzle oder Bandnudeln in Butter geschwenkt.

AUSTAUSCHTIPP: Auf die gleiche Art können Sie auch ein Ragout aus einem Wildschweinbraten zubereiten.

BACKEN HERZHAFT & SÜSS

Mit TK-Früchten und -Teigen zaubern Sie Flammkuchen, Quiche und feines Gebäck ganz mühelos. Vor allem Tiefkühlteige sind ein Segen für die schnelle Küche: Blätter-, Hefe- und Strudelteig, auch Teig für Frühlingsrollen liegen fix und fertig vorbereitet in der Supermarkt-Tiefkühltruhe. Sie enthalten bereits alle Zutaten und müssen fast nicht mehr geknetet werden. Rührgeräte und Hände bleiben sauber. Einfach den Teig auspacken, auftauen, ausrollen und nach Lust und Laune süß oder herzhaft belegen und backen! Schon entstehen Johannisbeer-Croissants, Pflaumen-Quark-Taschen, Gemüsepizza und andere Leckereien.

0 Min.

SPARGEL-RICOTTA-TÖRTCHEN

1. Die Blätterteigplatten nebeneinander legen und 10 Min. auftauen lassen. Garnelen ebenfalls 10 Min. antauen lassen, dann waschen und trocken tupfen. Den gefrorenen Spargel in Salzwasser 3–4 Min. kochen, abschrecken und abtropfen lassen, dann schräg in 2–3 cm breite Stücke schneiden. Tomaten waschen und halbieren. Käse klein würfeln.

2. Backofen auf 200° (Umluft 180°) vorheizen. Blätterteigplatten auf der bemehlten Arbeitsfläche quer halbieren, sodass 12 Quadrate entstehen. Teigstücke in die Mulden eines Muffinblechs drücken.

3. Ricotta mit Salz, Pfeffer und Paprika verrühren, auf die Mulden verteilen. Spargel, Tomaten und Garnelen daraufgeben, salzen und pfeffern. Alles mit dem Käse bestreuen und im Ofen (Mitte) 15–20 Min. backen. Törtchen aus dem Ofen nehmen und nach Belieben mit Basilikum garniert servieren.

Für 12 Stück

6 rechteckige Platten TK-Blätterteig (ca. 450 g)
120 g TK-Garnelen (roh, geschält)
300 g TK-grüner oder weißer Spargel
Salz
200 g Kirschtomaten
100 g Taleggio-Käse
200 g Ricotta
Pfeffer
1 TL rosenscharfes Paprikapulver
Basilikumblättchen zum Garnieren (nach Belieben)
Mehl zum Arbeiten
1 Muffinblech mit 12 Mulden

Zubereitung: ca. 35 Min.
Backzeit: 15–20 Min.
Pro Stück ca. 230 kcal
7 g EW, 15 g F, 16 g KH

Für 4 Personen

450 g **TK-Hefeteig** (3 Platten)
500 g **TK-Rahm-Porree** (Lauch)
1 säuerlicher Apfel
1 EL Zitronensaft
100 g Bacon (in dünnen Scheiben)
Salz
Pfeffer
1/2 Bund Schnittlauch
Mehl zum Arbeiten
Backpapier

Zubereitung: ca. 30 Min.
Backzeit: 12–15 Min.
Pro Portion ca. 500 kcal
15 g EW, 19 g F, 65 g KH

30 Min.

LAUCH-FLAMMKUCHEN

1. Die Hefeteigplatten nebeneinander legen, in 30 Min. auftauen lassen. Dann zu einer Kugel formen, auf Mehl gut durchkneten und an einem warmen Ort abgedeckt 15 Min. ruhen lassen.

2. Den gefrorenen Lauch nach Packungsangabe in einen Topf geben und zugedeckt bei mittlerer Hitze zum Kochen bringen. 1–2 Min. weiterkochen lassen, dabei mehrmals umrühren. Apfel vierteln, schälen, entkernen und in Spalten schneiden, sofort mit dem Zitronensaft beträufeln. Bacon in 3 cm breite Streifen schneiden.

3. Backofen auf 220° (Umluft nicht empfehlenswert) vorheizen. Teig auf der bemehlten Arbeitsfläche zu einem dünnen, großen Fladen ausrollen und auf ein mit Backpapier belegtes Blech legen. Lauchmasse und Apfelspalten darauf verteilen, leicht salzen und pfeffern und mit den Speckstreifen belegen. Im Ofen (unten) 12–15 Min. backen. Den Schnittlauch waschen, trocken schütteln und in Röllchen schneiden. Den Flammkuchen aus dem Ofen nehmen und 5 Min. ruhen lassen. Dann mit Schnittlauch bestreut servieren.

30 Min.

GEMÜSEPIZZA MIT PESTO

Backen ohne Stress – mit Hefeteig, viel Gemüse und Kräutern aus dem Eis.

Für 4 Personen

FÜR TEIG UND TOMATENSAUCE

450 g TK-Hefeteig (3 Platten)
1 Zwiebel
1 Knoblauchzehe
1 EL Olivenöl
400 g stückige Tomaten (Dose)
1 Pck. TK-italienische Kräuter (50 g)
Salz, Pfeffer, 1 Prise Zucker
Mehl zum Arbeiten

FÜR DEN BELAG

ca. 480 g TK-Mischgemüse
(z. B. Erbsen, Lauch, Brokkoli, grüne Bohnen, Möhren)
200 g TK-Champignonsscheiben
Salz, Pfeffer
200 g Mozzarella
1 EL Olivenöl

FÜR DAS PESTO

1 Bund Basilikum
1 Knoblauchzehe
1/2 TL Meersalz, Pfeffer
75 ml kalt gepresstes Olivenöl
4 EL frisch geriebener Parmesan

Zubereitung: ca. 50 Min.
Backzeit: ca. 20 Min.
Pro Portion ca. 790 kcal
28 g EW, 43 g F, 69 g KH

1. Hefeteigplatten nebeneinander legen, in 30 Min. vollständig auftauen lassen. Dann zu einer Kugel formen, gut durchkneten und an einem warmen Ort abgedeckt 15 Min. ruhen lassen.

2. Inzwischen für die Tomatensauce Zwiebel und Knoblauch schälen, fein würfeln und im heißen Öl andünsten. Tomaten dazugeben, gefrorene Kräuter einrühren. Alles erhitzen und bei schwacher Hitze 10 Min. offen garen. Mit Salz, Pfeffer und Zucker würzen.

3. Den Backofen auf 220° (Umluft 200°) vorheizen. Den Teig auf der bemehlten Arbeitsfläche ausrollen, ein Backblech (ca. 40 x 30 cm) damit auslegen. Für den Belag das gefrorene Mischgemüse bei starker Hitze 2–3 Min. anbraten.

4. Den Teig mit der Tomatensauce bestreichen. Gemüse und gefrorene Pilze darauf verteilen, salzen und pfeffern. Mozzarella in dünne Scheiben schneiden und darauflegen. Pizza mit dem Öl beträufeln. Im heißen Ofen (unten; Umluft Mitte) 18–20 Min. backen.

5. Inzwischen für das Pesto Basilikumblätter von den Stängeln zupfen und abreiben. Knoblauch schälen und grob hacken. Basilikum, Knoblauch und Salz im Blitzhacker fein pürieren, dabei das Öl nach und nach einlaufen lassen. Parmesan in kleinen Portionen unterheben. Pesto mit Salz und Pfeffer abschmecken und in Klecksen auf der fertigen Pizza verteilen.

0 Min.

SPINAT-BLÄTTERTEIG-QUICHE

Jede Menge TK-Blattspinat, Speck, Tomaten und Greyerzer sorgen für Geschmack in der blättrigen Knusperhülle.

Für 1 Quicheform (Ø 28 cm)

5 rechteckige Platten TK-Blätterteig (ca. 375 g)
600 g TK-Blattspinat
125 g durchwachsener Räucherspeck
1 EL Olivenöl
1 Zwiebel
2 große Tomaten
100 g Greyerzer
Salz, Pfeffer
frisch geriebene Muskatnuss
abgeriebene Schale von 1/2 Bio-Zitrone
3 Eier (Größe M)
200 g Sahne
Mehl für die Arbeitsfläche
Fett für die Form

Zubereitung: ca. 45 Min.
Backzeit: ca. 30 Min.
Bei 6 pro Portion ca. 660 kcal
26 g EW, 80 g F, 41 g KH

1. Die Blätterteigplatten nebeneinander legen und 10 Min. auftauen lassen.

2. Inzwischen den gefrorenen Spinat nach Packungsangabe mit 100 ml Wasser in einen Topf geben. Zugedeckt bei mittlerer Hitze zum Kochen bringen und 6–7 Min. kochen lassen, dabei mehrmals umrühren. Spinat in ein Sieb geben, abtropfen und abkühlen lassen.

3. Den Backofen auf 200° vorheizen. Den Speck in feine Streifen schneiden. Olivenöl in einer Pfanne erhitzen. Speck darin bei mittlerer Hitze in 5 Min. kross braten. Die Zwiebel schälen, fein würfeln, zum Speck geben und glasig dünsten. Pfanne vom Herd nehmen.

4. Tomaten überbrühen, abschrecken, enthäuten und halbieren. Kerne entfernen, Tomaten in kleine Würfel schneiden. Den Käse reiben. Spinat mit der Speckmischung, den Tomaten und dem Käse vermischen. Mit Salz, Pfeffer, Muskat und Zitronenschale würzen. Eier, Sahne, Salz und Pfeffer verquirlen.

5. Die Blätterteigplatten aufeinander legen und auf der bemehlten Arbeitsfläche zu einem Quadrat von ca. 35 x 35 cm ausrollen. Den Boden der Form fetten, den Blätterteig hineinlegen. Die Spinatmasse darauf verteilen. Die Eier-Sahne darübergießen. Den überstehenden Blätterteigrand leicht nach innen auf die Füllung legen. Die Quiche im Ofen (Mitte; Umluft 180°) in 30 Min. goldgelb backen. Aus dem Ofen nehmen und 5 Min. ruhen lassen, dann in Tortenstücke schneiden und servieren.

AUSTAUSCHTIPP: Zur Abwechslung den Speck mal durch aufgetaute TK-Shrimps ersetzen und statt Greyerzer gewürfelten Mozzarella verwenden.

0 Min.

JOHANNISBEER-MARZIPAN-CROISSANTS

1. Die Blätterteigplatten nebeneinander legen und 10 Min. auftauen lassen, dann einzeln auf etwa 15 x 25 cm ausrollen und diagonal halbieren, sodass jeweils zwei lange Dreiecke entstehen. Inzwischen die Johannisbeeren antauen lassen.

2. Backofen auf 200° (Umluft 180°) vorheizen. Marzipan klein würfeln, mit den Johannisbeeren mischen und auf den breiten Enden der Dreiecke verteilen, dabei an den Seiten einen 1 cm breiten Rand frei lassen. Dreiecke vom breiten Ende her aufrollen. Teigstücke auf ein mit Backpapier belegtes Blech setzen und dabei leicht in Hörnchenform biegen.

3. Eigelb und Milch verquirlen, Croissants damit dünn bestreichen und mit dem Zucker bestreuen. Im Ofen (Mitte) in 20 Min. goldbraun backen.

AUSTAUSCHTIPP: Statt mit Johannisbeeren und Marzipan die Hörnchen mit 150 g TK-Rhabarberstücken und 100 g fein gehackter weißer Schokolade füllen.

Für 12 Stück

6 rechteckige Platten TK-Blätterteig (ca. 450 g)
150 g TK-rote Johannisbeeren
100 g Marzipanrohmasse
1 Eigelb (Größe M)
2 EL Milch
1 1/2 EL Rohrohrzucker
Backpapier

Zubereitung: ca. 40 Min.
Backzeit: ca. 20 Min.
Pro Stück ca. 215 kcal
3 g EW, 13 g F, 21 g KH

Für 10 Stück

10 quadratische TK-Blätterteig-platten (1 Pck., ca 450 g)
250 g TK-Pflaumen (entsteint)
2 Eier (Größe M)
Salz
30 g weiche Butter
200 g Magerquark
2 EL Ahornsirup
2 TL Speisestärke
2 EL gehackte Pistazien
Backpapier

Zubereitung: ca. 30 Min.
Backzeit: 2 x ca. 20 Min.
Pro Stück ca. 275 kcal
7 g EW, 17 g F, 22 g KH

0 Min.

PFLAUMEN-QUARK-TASCHEN

1. Die Blätterteigplatten nebeneinander legen und 10 Min. auftauen lassen. Pflaumen auch 10 Min. antauen lassen, dann in 1 cm breite Spalten schneiden.

2. Inzwischen 1 Ei trennen. Eiweiß mit 1 Prise Salz steif schlagen. Butter cremig rühren, dann Quark, das zweite Ei, Ahornsirup und Speisestärke unterrühren. Eischnee unterheben. Das übrige Eigelb mit 1 EL Wasser verrühren.

3. Den Backofen auf 220° (Umluft 200°) vorheizen. Die Teigecken mit dem Eigelb bestreichen. Jeweils 1 EL Quarkmasse mittig auf die Teigquadrate verteilen. Teigecken zur Mitte falten, jeweils 1 weiteren EL Quarkmasse daraufsetzen und mit den Pflaumenspalten belegen. Pistazien darüberstreuen.

4. Je 5 Quarktaschen auf zwei mit Backpapier belegte Bleche legen. Im Ofen (unten; Umluft Mitte) nacheinander in je 20 Min. backen. Auf einem Kuchengitter abkühlen lassen.

AUSTAUSCHTIPPS: Auch rechteckige Platten lassen sich verwenden: einfach in der Mitte halbieren und etwas ausrollen. Statt Pistazien können Sie ebensogut gehackte Mandeln nehmen.

30 Min.

RHABARBER-ERDBEER-STRUDEL

Der gelingt Ihnen mit links: In einen Teig, hauchdünn von der Rolle, werden frostige Früchte eingewickelt.

Für 2 Strudel

FÜR DEN TEIG

300 g TK-Strudelteig
60 g Butter
2 EL Puderzucker zum Bestäuben

FÜR DIE FÜLLUNG

200 g TK-Erdbeeren
100 g Löffelbiskuits
100 g Amarettini (ersatzweise Mandelmakronen)
400 g TK-Rhabarberstücke
1 TL abgeriebene Bio-Zitronenschale
100 g Erdbeer-Fruchtaufstrich
Backpapier

Zubereitung: ca. 45 Min.
Backzeit: 35–40 Min.
Bei 20 pro Stück ca. 130 kcal
5 g EW, 7 g F, 34 g KH

1. Den Strudelteig aus der Packung nehmen und 30 Min. zusammengerollt auftauen lassen. Für die Füllung die Erdbeeren 15 Min. antauen lassen.

2. Inzwischen die Löffelbiskuits und die Amarettini im Blitzhacker oder in einem Gefrierbeutel mit der Teigrolle fein zerbröseln. Die Erdbeeren halbieren oder vierteln. Die gefrorenen Rhabarberstücke und angetauten Erdbeeren mit Zitronenschale, Fruchtaufstrich und der Hälfte der Brösel mischen.

3. Den Backofen auf 200° vorheizen. Den Teig abrollen, auf dem Papier liegenlassen. Die Butter zerlassen. Die lange Teigbahn (ca. 150 x 24 cm) quer in zwei gleich lange Stücke schneiden und mit der Butter bestreichen. Auf jeder Teigbahn erst die übrigen Brösel, dann die Rhabarbermischung verteilen, dabei einen Rand von ca. 2 cm frei lassen.

4. Die Teigstücke mit Hilfe des Papiers von der schmalen Seite beginnend fest aufrollen. Die Enden fest zusammen drücken. Die Strudel auf ein mit Backpapier belegtes Blech legen. Die Oberfläche mit der übrigen zerlassenen Butter bestreichen. Die Strudel im heißen Ofen (Mitte; Umluft 180°) 35–40 Min. backen.
Auf dem Backblech auf einem Gitter 20–25 Min. abkühlen lassen. Mit Puderzucker bestäuben und servieren.

TIPP: Ofenfrisch schmeckt der Strudel mit Vanillesauce sehr gut, abgekühlt mit halbsteif geschlagener Sahne.

AUSTAUSCHTIPP: Die Füllung können Sie nach Belieben variieren: Ersetzen Sie Rhabarber und Erdbeeren z. B. mal durch tiefgekühlte Aprikosen, Pflaumen oder Sauerkirschen. Aprikosen und Pflaumen vor der Verwendung 10 Min. antauen lassen, dann in 1 cm breite Streifen schneiden.

0 Min.

BROMBEER-CLAFOUTIS

1. Den Backofen auf 200° (Umluft 180°) vorheizen. Die Förmchen mit Butter einfetten und mit dem Zucker ausstreuen.

2. Die Eier trennen. Eiweiße mit 1 Prise Salz und 3 EL Puderzucker steif schlagen. Eigelbe mit übrigem Puderzucker, Sahne und Vanillezucker mit den Schneebesen des Handrührgeräts cremig rühren. Die Orangenschale, den Eischnee und das Mehl unterheben.

3. Die Teigmasse in die Förmchen geben, gefrorene Brombeeren und Mandeln darauf verteilen. Clafoutis im Ofen (unten; Umluft Mitte) in 25–30 Min. goldbraun backen. Aus dem Ofen nehmen und mit Puderzucker bestäubt servieren. Dazu passt halbsteif geschlagene Sahne mit Orangenblütenhonig.

AUSTAUSCHTIPP: Die Brombeeren zur Abwechslung durch gefrorene Sauerkirschen ersetzen.

Für 6 kleine ofenfeste Förmchen

2 EL Zucker
4 Eier (Größe M)
Salz
6 EL Puderzucker
6 EL Sahne
1 Pck. Bourbon-Vanillezucker
1 TL abgeriebene Bio-Orangenschale
100 Mehl
400 g TK-Brombeeren
50 g gehobelte Mandeln
Butter für die Form
Puderzucker zum Bestäuben

Zubereitung: ca. 25 Min.
Backzeit: ca. 25–30 Min.
Pro Stück ca. 310 kcal
9 g EW, 14 g F, 37 g KH

Für 1 Tarteform (Ø 26 cm) oder 4–6 kleine ofenfeste Förmchen

800 g TK-Aprikosenhälften (entsteint)
30 g kandierter Ingwer
125 g Rohrohrzucker
50 g Kokos-Zwieback
80 g kalte Butter
100 g Mehl
Butter für die Form

Zubereitung: ca. 25 Min.
Backzeit: ca. 25 Min.
Bei 4 pro Portion ca. 535 kcal
6 g EW, 21 g F, 80 g KH

10 Min.

APRIKOSEN-INGWER-CRUMBLE

1. Die Aprikosenhälften 10 Min. antauen lassen, dann halbieren. Ingwer fein würfeln, mit 75 g Rohrohrzucker und den Aprikosen in einer Schüssel mischen.

2. Den Backofen auf 180° (Umluft 160°) vorheizen. Für die Streuselmasse den Zwieback in einen Gefrierbeutel füllen und mit einer Teigrolle fein zerbröseln. Die Butter in kleine Würfel schneiden und mit dem übrigen Zucker, den Zwiebackbröseln und dem Mehl mit den Händen zu haselnussgroßen Streuseln verarbeiten.

3. Form oder Förmchen einfetten. Die Aprikosen-Mischung darin verteilen. Mit den Streuseln bedecken. Crumble im Ofen (unten; Umluft Mitte) 25 Min. backen. Heiß oder lauwarm servieren. Dazu passt Vanillesauce.

AUSTAUSCHTIPPS: Der englische Klassiker lässt sich mit anderen Früchten aus der Gefriertruhe beliebig variieren – z. B. mit Pflaumen, Sauerkirschen oder Brombeeren. Auch Rhabarberstückchen – tiefgefroren und angetaut – harmonieren sehr gut.

30 Min.

SCHOKOLADEN-KIRSCH-BLECHKUCHEN

Mit Quark, TK-Kirschen und Schoko-Streuseln wird aus gefrorenem Hefeteig mühelos ein saftiges Vergnügen.

1. Hefeteigplatten nebeneinander legen, in 30 Min. auftauen lassen. Dann zu einer Kugel formen, auf der bemehlten Fläche durchkneten und an einem warmen Ort 15 Min. ruhen lassen.

2. Inzwischen für den Belag die Kirschen antauen lassen. Die Eier trennen. Eigelbe, Zucker und Vanillezucker mit den Schneebesen des Handrührgeräts in 5 Min. cremig rühren. Quark, Crème fraîche, Puddingpulver und Kirschwasser unterrühren. Eiweiße mit 1 Prise Salz steif schlagen, unter die Quarkmasse heben.

3. Den Backofen auf 180° vorheizen. Für die Streusel die Butter in kleine Würfel schneiden und mit Mehl, Zucker und Schokoraspeln mit den Händen zu Streuseln verarbeiten.

4. Hefeteig auf der bemehlten Arbeitsfläche ausrollen und auf ein mit Backpapier belegtes Blech legen. Quarkmasse daraufgeben und glatt streichen. Kirschen gleichmäßig darauf verteilen und die Schokostreusel darüberstreuen. Im heißen Ofen (unten; Umluft 160° Mitte) 40–45 Min. backen. Kuchen aus dem Ofen nehmen und abkühlen lassen. Nach Belieben mit Puderzucker bestäuben und servieren.

Für 20 Stücke

FÜR DEN TEIG

600 g TK-Hefeteig (4 Platten)
Mehl zum Arbeiten
Backpapier

FÜR DEN BELAG

750 g TK-Sauerkirschen (entsteint)
4 Eier (Größe M)
140 g Zucker
1 Pck. Bourbon-Vanillezucker
500 g Magerquark
150 g Crème fraîche
1 Pck. Vanille-Puddingpulver
2 EL Kirschwasser (ersatzweise Zitronensaft)
Salz
Puderzucker zum Bestäuben (nach Belieben)

FÜR DIE STREUSEL

100 g kalte Butter
150 g Mehl
75 g Zucker
40 g Zartbitter-Schokoladenraspel

Zubereitung: ca. 30 Min.
Backzeit: ca. 40–45 Min.
Pro Stück ca. 295 kcal
9 g EW, 11 g F, 38 g KH

SÜSSES MIT OBST, BEEREN & EIS

Für Süßschnäbel sind die Tiefkühltruhen im Supermarkt das reine Schlaraffenland. Die Saison ist längst vorbei, doch sonnenverwöhnte Früchte gibt es hier das ganze Jahr: Erdbeeren, Kirschen, Pflaumen und andere schockgefrostete Vitaminbomben. Dazu ein riesiges Angebot für Eis-Genießer vom Vanilleeis bis zum Kokosparfait. All diese Produkte haben schnell ihren großen Auftritt – vorheriges Auftauen fast nicht notwendig. Wie man mit den Süßen unwiderstehliche Desserts und das schnellste Eis der Welt zaubern kann, verraten wir Ihnen auf den nächsten Seiten.

1 Std.

SPAGHETTI-EIS

Für 4 Personen
Zubereitung: ca. 30 Min.
Pro Portion ca. 340 kcal
1 g EW, 12 g F, 26 KH

300 g TK-Erdbeeren mit 2 EL **Puderzucker** bestreuen, 1 Std. auftauen lassen, dann 200 g davon mit dem Pürierstab fein pürieren. 800 ml Vanilleeis mit einem Löffel in eine Kartoffelpresse mit möglichst großem Locheinsatz geben und das Eis zu Spaghetti auf vorgekühlte tiefe Dessertteller pressen. Erdbeerpüree darüber verteilen und mit 2 EL weißen **Schokoladenraspeln** bestreuen. Mit den restlichen Erdbeeren garnieren.

0 Min.

WALNUSSEIS MIT MANDARINENSALAT

Für 4 Personen
Zubereitung: ca. 25 Min.
Pro Portion ca. 230 kcal
2 g EW, 14 g F, 24 g KH

4 **Mandarinen** schälen und in Spalten teilen. Zusätzlich 1 Mandarine halbieren und auspressen. 1 **Granatapfel** quer halbieren und mit der Schnittstelle nach unten über eine Schüssel halten. Mit einem Kochlöffel rundherum kräftig auf die Schale klopfen, damit sich die Kerne lösen. 1 EL Kerne mit den Mandarinenspalten mischen. Übrige Granatapfelkerne samt Saft, Mandarinensaft und 50 g **Zucker** in einem kleinen Topf bei starker Hitze in 5–7 Min. einkochen lassen. Sauce durch ein Sieb gießen. 150 g **Sahne** steif schlagen. Mandarinen auf Dessertschalen verteilen, mit je 2 Kugeln Walnusseis (à ca. 40 ml) und der Sahne anrichten. Mit je 2 EL Granatapfel-Mandarinen-Sauce beträufeln.

0 Min.

KOKOSKROKANT-EIS MIT MANGO

Für 4 Personen
Zubereitung: ca. 40 Min. Kühlen: ca. 30 Min.
Pro Portion ca. 450 kcal
5 g EW, 26 g F, 48 g KH

50 g **Zucker** in einem kleinen Topf unter Rühren goldbraun schmelzen lassen. 50 g **Kokosraspel** einrühren, bei mittlerer Hitze 2–3 Min. gut vermischen. Krokantmasse auf ein Küchenbrett geben, flächig verteilen und erkalten lassen. Krokant im Blitzhacker zerkrümeln. 8 Kugeln Kokosnusseis (à ca. 40 ml) mit einem Eisportionierer abstechen und rundherum in dem Krokant wälzen. Auf einem mit Alufolie belegten Teller 30 Min. ins Gefrierfach stellen. Inzwischen 1 reife **Mango** schälen, Fruchtfleisch vom Stein schneiden und in Spalten teilen. Übriges Mangofleisch klein würfeln. Mango auf Tellern dekorativ anrichten. 150 g **Zartbitter-Kuvertüre** hacken und in einer Schüssel über einem heißen Wasserbad bei schwacher Hitze unter Rühren schmelzen. Kuvertüre über die Mangospalten gießen und mit je zwei Krokanteiskugeln anrichten.

10 Min.

HEIDELBEER-SMOOTHIE

1. Die Heidelbeeren 10 Min. antauen lassen. Die Orangenhälfte waschen und abtrocknen. 1 TL Schale abreiben, den Saft auspressen. Heidelbeeren mit der abgeriebenen Orangenschale, 4 EL Saft, Mandelmus, Vanillezucker, Zucker und Dickmilch in eine hohe Rührschüssel oder in den Mixer geben.

2. Die Eiswürfel in einem Ice Crusher zerstoßen oder in einen Gefrierbeutel füllen, mit einem Geschirrtuch umwickeln und mit einer Teigrolle oder mit einem Hammer zerklopfen. Crushed Ice zu den Heidelbeeren geben und alles mit dem Pürierstab oder im Mixer fein pürieren.

3. Den Drink sofort in 2 hohe Gläser gießen. Mit je 1 dicken Trinkhalm und 1 Minzestängel garniert servieren.

AUSTAUSCHTIPP: Abwechslung gefällig? Dann mixen Sie den erfrischenden Drink mal mit anderen Eisbeeren, z. B. Himbeeren, Erdbeeren oder Brombeeren.

Für 2 Personen

250 g TK-Heidelbeeren
1/2 Bio-Orange
1 EL Mandelmus (Reformhaus)
1 EL Vanillezucker
1 EL Zucker
200 g Dickmilch
100 g Eiswürfel
2 Stängel Minze zum Garnieren

Zubereitung: ca. 15 Min.
Pro Portion ca. 270 kcal
5 g EW, 9 g F, 44 KH

Für 4 Personen

1/2 Bio-Zitrone
600 g TK-Himbeeren
100 g Puderzucker
150 g Sahnejoghurt
40 g weiße und rosa Baisertropfen (ersatzweise Baiserstücke)

Zubereitung: ca. 25 Min.
Pro Portion ca. 225 kcal
2 g EW, 4 g F, 47 KH

10 Min.

HIMBEER-SORBET

1. Die Zitronenhälfte waschen und abtrocknen. Die Schale abreiben, den Saft auspressen. Von den Himbeeren 3 EL beiseitelegen. Die restlichen Himbeeren in eine hohe Rührschüssel oder in den Mixer geben. Zitronensaft und -schale sowie den Puderzucker dazugeben und die Himbeeren 10 Min. antauen lassen.

2. Dann die Mischung mit dem Pürierstab oder im Mixer fein pürieren. Joghurt dazugeben und ebenfalls unterschlagen. Die Baisertropfen in Stücke brechen.

3. Die Beerenmasse sofort in Gläser oder Schälchen füllen, mit den übrigen Himbeeren und den Baisertropfen garnieren und sofort servieren.

AUSTAUSCHTIPPS: Ob gefrorene Brombeeren, Heidelbeeren oder Beerenmischung – bei dem Sorbet haben Sie die Wahl. Statt Joghurt können Sie Dickmilch, Sojajoghurt oder saure Sahne verwenden. Oder das Sorbet 1 Std. ins Eisfach stellen, dann Kugeln abstechen und in Eiswaffeln in Tütenform setzen.

0 Min.

TROPENFRÜCHTE-TIRAMISU

Für Gäste: Exotische Früchte und eine leichte Kokosnote geben dem Dessert ganz besonderen Reiz.

1. Die Früchtemischung bei Raumtemperatur 20 Min. antauen lassen. Inzwischen 75 g Zucker in einen kleinen schweren Topf geben und bei mittlerer Hitze goldgelb karamellisieren lassen.

2. Die Vanilleschote längs aufschneiden, das Mark herauskratzen. Mark und Schote mit dem Maracujasaft zum Zucker geben und aufkochen. 1–2 Min. kochen lassen, bis sich der Karamell gelöst hat. Die angetauten tropischen Früchte dazugeben, kurz im Saft schwenken und vom Herd nehmen. Lauwarm abkühlen lassen. Vanilleschote herausnehmen.

3. In einer Schüssel Mascarpone und Quark mit der Kokosmilch und dem übrigen Zucker mit den Schneebesen des Handrührgeräts cremig rühren. Die Sahne steif schlagen und vorsichtig unter die Creme heben.

4. Die Löffelbiskuits in eine eckige Auflaufform (ca. 30 x 20 cm) legen und die tropische Früchte-Saft-Mischung darauf verteilen. Die Mascarponecreme über die Früchte streichen und das Tiramisu abgedeckt 2 Std. kalt stellen.

5. Dann das Kakaopulver mit einem Sieb über das Tiramisu streuen, alles mit den Kokos-Chips bestreuen und servieren.

Für 6 Personen

500 g TK-tropische Fruchtmischung
(z. B. Melonen, Kiwi, Ananas, Mango)
125 g Rohrohrzucker
1 Vanilleschote
150 ml Maracujasaft
200 g Mascarpone
250 g Magerquark
6 EL cremige ungesüßte Kokosmilch (Dose)
150 g Sahne
125 g Löffelbiskuits
1 EL Kakaopulver
1 EL Kokoschips (Fertigprodukt)

Zubereitung: ca. 30 Min.
Kühlzeit: ca. 2 Std.
Pro Portion ca. 515 kcal
11 g EW, 28 g F, 54 g KH

AUSTAUSCHTIPPS: Wenn nur Erwachsene mitessen, können Sie den Saft noch mit 2 EL weißem Rum oder Orangenlikör aromatisieren. Das Tiramisu schmeckt auch mit einer Beerenmischung aus der Tiefkühltruhe. Dann statt dem Maracujasaft einen roten Fruchtsaft, z. B. Kirsch- oder Traubensaft, verwenden und mit 1 Sternanis und 3 Gewürznelken statt mit 1 Vanilleschote aufkochen lassen.

1 Std.

KIRSCHGRÜTZE MIT SAHNE

1. Die Vanilleschote längs aufschneiden, das Mark herauskratzen. Die gefrorenen Kirschen mit Zucker, Vanillemark und der Schote vermischen und 1 Std. auftauen und Saft ziehen lassen.

2. Kirschsaft und Likör mit der Speisestärke glatt rühren. Ein Drittel der Kirschen beiseitestellen. Die übrigen in einen Topf geben und aufkochen, die aufgelöste Stärke unterrühren. Kirschen bei mittlerer Hitze 2 Min. unter Rühren kochen lassen. Dann die beiseitegelegten Kirschen dazugeben und 1 Min. auf der abgeschalteten Herdplatte miterhitzen. Die Vanilleschote entfernen.

3. Die Grütze in eine Schüssel geben und 2 Std. abkühlen lassen. Die Sahne nach Belieben steif schlagen. Kirschgrütze mit Minzeblättchen garnieren und mit der flüssigen oder steif geschlagenen Sahne servieren.

Für 4 Personen

1 Vanilleschote
500 g TK-Sauerkirschen
(entsteint)
100 g Zucker
200 ml Kirschsaft
2 cl Kirschlikör oder Cassis
(ersatzweise Orangensaft)
2 1/2 EL Speisestärke
150 g Sahne
Minzeblättchen zum Garnieren

Zubereitung: ca. 20 Min.
Kühlzeit: 2 Std.
Pro Portion ca. 330 kcal
2 g EW, 13 g F, 50 g KH

Für 4 Personen

---

400 g TK-Beerenmischung
2 EL Holunderblütensirup
3 Eiweiß (Größe M)
125 g Puderzucker
1 TL Zitronensaft
3 Stängel Zitronenmelisse
1/2 TL Speisestärke
Puderzucker zum Bestäuben
(nach Belieben)

Zubereitung: ca. 30 Min.
Pro Portion ca. 210 kcal
4 g EW, 1 g F, 49 g KH

0 Min.

BEEREN MIT ZITRONENMELISSE-BAISER

1. Den Elektro-Grill oder Backofen auf 250° (Umluft 220°) vorheizen. Den gefrorenen Beerenmix auf vier ofenfeste Portionsförmchen verteilen und mit dem Sirup beträufeln.

2. Die Eiweiße mit 2 EL Puderzucker und dem Zitronensaft in einer fettfreien Schüssel mischen und mit den Schneebesen des Handrührgeräts halbsteif schlagen. Dann den übrigen Puderzucker esslöffelweise nach und nach einrieseln lassen. Alles noch 5–7 Min. weiterschlagen, bis ein schnittfester, glänzender Eischnee entstanden ist.

3. Die Zitronenmelisse waschen und trocken schütteln, Blättchen abzupfen und bis auf ein paar Blätter zum Garnieren fein hacken. Gehackte Melisse und Speisestärke zügig unter den Eischnee rühren. Baisermasse mit einem Esslöffel in Häufchen auf die Beeren verteilen.

4. Baiser unter dem Grill oder im Ofen (Mitte) 5 Min. überbacken, bis sich die Spitzen des Baisers braun färben. Dessert nach Belieben mit Puderzucker bestäuben und mit übriger Melisse garniert sofort servieren.

0 Min.

QUARK-GRIESS-AUFLAUF MIT PFLAUMEN

Schmeckt nach Spätsommer und Kindheit: fruchtiges Kompott mit einer feinen Haube aus Grieß und Quark.

Für 1 runde Auflaufform (Ø ca. 24 cm)

FÜR DAS KOMPOTT

250 ml roter Traubensaft
50 g Rohrohrzucker
1 TL Zimt
3 TL Speisestärke
500 g TK-Pflaumen (halbiert)

FÜR DEN QUARK-GRIESS

2 Eier (Größe M)
Salz
100 g Zucker
250 g Magerquark
80 g Weichweizengrieß
4 EL gemahlene Mandeln
2 TL Butter
Fett für die Form
Puderzucker zum Bestäuben

Zubereitung: ca. 30 Min.
Backzeit: 40–45 Min.
Bei 4 pro Portion ca. 530 kcal
17 g EW, 13 g F, 84 g KH

1. Für das Kompott 200 ml Traubensaft mit Zucker und Zimt in einem Topf verrühren, zum Kochen bringen und offen 5 Min. kochen lassen. Den übrigen Saft mit der Speisestärke verquirlen, dann in den kochenden Saft rühren. Gefrorene Pflaumen dazugeben und einmal aufkochen, bis das Kompott gebunden ist. Vom Herd nehmen.

2. Den Backofen auf 180° vorheizen. Für den Quark-Grieß die Eier trennen. Die Eiweiße mit 1 Prise Salz steif schlagen. Die Eigelbe mit dem Zucker cremig schlagen, Quark, Grieß und gemahlene Mandeln unterrühren. Den Eischnee vorsichtig unterheben.

3. Für ein Hauptgericht die Auflaufform (für ein Dessert 6 kleine ofenfeste Förmchen; s. Tipp) einfetten, Pflaumenkompott hineingeben. Quarkmasse vorsichtig darauflöffeln. Butter in Flöckchen darüber verteilen. Auflauf im heißen Ofen (Mitte; Umluft 160°) 40–45 Min. backen. Mit Puderzucker bestäubt servieren.

TIPP: Backzeit um 10 Min. reduzieren, wenn Sie den Auflauf in Portionsförmchen backen und als Nachtisch servieren. Die Menge reicht dann für sechs Personen. Nach Belieben warm oder kalt auf den Tisch bringen und mit gerösteten Mandelblättchen garnieren.

AUSTAUSCHTIPP: Unter dem Quark-Grieß schmecken auch andere Früchte lecker, z. B. Sauerkirschen, Aprikosen oder Mandarinenspalten aus der Tiefkühltruhe. Das Kompott entsprechend mit Kirsch-, Aprikosen- oder Orangensaft abwandeln.

REGISTER

DAS KOCHE ICH MIT TK-PRODUKTEN, WENN ES ...

... vegetarisch sein soll

... ein Kinder-Hit sein soll

... ganz fix gehen soll

... gästefein sein soll

... vorwiegend aus dem Vorrat sein soll

Appetit auf mehr?

ISBN 978-3-8338-1431-0

ISBN 978-3-8338-1891-2

ISBN 978-3-8338-1884-4

ISBN 978-3-8338-0653-7

ISBN 978-3-8338-1432-7

ISBN 978-3-8338-2389-3

e Auch als eBook erhältlich.

Erhältlich im App Store

Mehr von GU auf www.gu.de und
facebook.com/gu.verlag

GU
Willkommen im Leben.

IMPRESSUM

Die Autorin

Martina Kittler, erfahrene und begeisterte Kochbuch-Autorin und Mutter zweier Teenager, weiß die Vorzüge einer gut bestückten Tiefkühltruhe zu schätzen. Als Freiberuflerin mit unregelmäßigen Arbeitszeiten kommt sie nicht jeden Tag zum Einkaufen. Oft muss sie die Basics fürs tägliche Kochen aus der klirrenden Kälte angeln – eine Herausforderung, die sie gerne annimmt. Mit viel Fantasie und wenigen frischen Zutaten aus dem Supermarkt gelingt es ihr mühelos, die Lieblingsprodukte aus dem Eisvorrat glanzvoll in Szene zu setzen. Das Ergebnis: über 50 tolle, unkomplizierte Rezepte für jede Gelegenheit, die leicht gelingen und allen schmecken.

Die Fotografin

Coco Lang fotografiert mit wahrer Begeisterung Food und Still Life in ihrem Werkstattstudio am Münchner Viktualienmarkt. Mit ihrem Blick für Details und ihrem Gespür für die unterschiedlichsten Themen hat sie für dieses Buch unsere Rezepte und Produkte aus der Tiefkühltruhe perfekt in Szene gesetzt – von der frostigen Beere bis hin zur eisigen Dorade.

Projektleitung: Sigrid Burghard
Lektorat: Susanne Bodensteiner
Korrektorat: Petra Bachmann
Fotografie: Coco Lang
Foodstyling: Sven Dittmann
Umschlag und Gestaltung: independent Medien-Design, Horst Moser, München
Herstellung: Petra Roth
Satz: Liebl Satz+Grafik, Emmering
Repro: Longo AG, Bozen
Druck: Firmengruppe APPL, aprinta druck, Wemding
Bindung: Firmengruppe APPL, M. APPL GmbH, Wemding

Umwelthinweis:
Dieses Buch ist auf PEFC-zertifiziertem Papier aus nachhaltiger Waldwirtschaft gedruckt.

Syndication: www.jalag-syndication.de

ISBN 978-3-8338-3311-3
Auflage 2013

www.facebook.com/gu.verlag

Die Backzeiten können je nach Herd variieren. Details entnehmen Sie bitte Ihrer Gebrauchsanweisung.

Unsere Garantie

Alle Informationen in diesem Ratgeber sind sorgfältig und gewissenhaft geprüft. Sollte dennoch einmal ein Fehler enthalten sein, schicken Sie uns das Buch mit dem entsprechenden Hinweis an unseren Leserservice zurück. Wir tauschen Ihnen den GU-Ratgeber gegen einen anderen zum gleichen oder ähnlichen Thema um.

Liebe Leserin und lieber Leser,

wir freuen uns, dass Sie sich für ein GU-Buch entschieden haben. Mit Ihrem Kauf setzen Sie auf die Qualität, Kompetenz und Aktualität unserer Ratgeber. Dafür sagen wir Danke! Wir wollen als führender Ratgeberverlag noch besser werden. Daher ist uns Ihre Meinung wichtig. Bitte senden Sie uns Ihre Anregungen, Ihre Kritik oder Ihr Lob zu unseren Büchern.
Haben Sie Fragen oder benötigen Sie weiteren Rat zum Thema? Wir freuen uns auf Ihre Nachricht!

Wir sind für Sie da!
Montag–Donnerstag:
8.00–18.00 Uhr;
Freitag: 8.00–16.00 Uhr
Tel.: 08 00/7 23 73 33
Fax: 08 00/5 01 20 54
(kostenlose Servicenummern)
E-Mail:
leserservice@graefe-und-unzer.de

P.S. Wollen Sie noch mehr Aktuelles von GU wissen, dann abonnieren Sie doch unseren kostenlosen GU-Online-Newsletter und/oder unsere kosten losen Kundenmagazine.

GRÄFE UND UNZER VERLAG
Leserservice
Postfach 86 03 13
81630 München

GRÄFE UND UNZER

Ein Unternehmen der
GANSKE VERLAGSGRUPPE